NEW HEALTH CARE MANAGEMENT

まんがでわかる

介護のしごと

だれでも知識ゼロから身につく!

田中 元 介護福祉ジャーナリスト
Hajime Tanaka

まんが／みなとあつこ Atsuko Minato

ぱる出版

まえがき

介護の仕事で、自分を磨きたいと考えているあなたへ

いま、介護の現場で働く仲間は、全国で150万人以上にのぼります。今後10年であと100万人の介護職が必要とされる中、これからも後輩たちが続々と現場にやってくるでしょう。

そんな介護という仕事をひと言で語るのは難しいかもしれません。

一つだけ言えることは、介護を必要とする人々は、長い人生の中で多様な価値観や生活の知恵を築いてきたということです。

その価値観や知恵という財産とストレートに向き合い、「その人らしい人生」をまっとうしてもらうための重要なサポート役となるのが介護職です。

人の尊厳がますます問われる時代には、とても意義のある仕事のひとつと言えます。

しかし、この介護という仕事に対して、日々悩みを抱えている仲間も少なくありません。

利用者の年齢層はどんどん上がり、重い疾患や身体の障がいに苦しんだり、認知症が進む中で常に不安の中に置かれている人も増えつつあります。

そうした中で、利用者とのコミュニケーションが取りにくくなったり、どんなに心を尽くしても「生きる意欲」を引き上げられないという場面も目立っています。

介護って何だろう？

この仕事にどんな意味があるのだろう？

――そうした自問を繰り返しつつも、人手不足の中の慌ただしさに流されながら、日々汗を流している人もいるでしょう。

そもそも「介護の仕事」とはどのようなものなのか？

本来はとても素晴らしい仕事なのに、なぜ悩みが尽きないのでしょうか。

ひとつの背景として考えられるのは、「介護という仕事でなければできないこと」が十分に整理されていない点が挙げられます。

介護保険制度がスタートしてから10年以上が経過しましたが、介護職の仕事の範囲はいまだに明快に示されているとは言えません。

医師は治療、看護師は療養、リハビリ職は心身機能の維持・向上という具合に、専門職にはそれぞれにはっきりとしたミッションがあります。

「では介護職は何をするのか」という問いに対して、簡潔に答えられる人がどれだけいるでしょうか。

利用者の生活支援？　では、支援する生活とは何？　ボランティアの人々がしている家事支援などとはどこが違うの？　大切なのは、利用者の自立支援？　ここで言う自立って何？　どういう状態になれば、その人の自立が達成されたと言えるの？

こんな思いが頭の中でぐるぐると巡っている人もいるでしょう。

さまざまな介護現場を取材してきた私も、そんな迷いに襲われることがあります。そんなとき、答えを示してくれるのはやはり「現場」です。

現場に行き、介護職の人々が「している支援」を見ること。そして、その支援を受けた利用者のいきいきとした姿を見ること。凛とした姿を見ること。ここに答えが詰まっています。

それは何かといえば、「人間」という存在を多くの視点から支えていく姿にほかなりません。そこには医療や看護だけでは答えの出ない、幅広い知識・技能が必要になる場面もあります。

ホップ、ステップ、ジャンプで介護のキャリアアップを

この「答え」を何とか形にできないだろうか。通りいっぺんの文字だけで記しても見えてこないことを、わかりやすく介護職の人々に届けることはできないだろうか。

そんな思いの中で浮かんだのが、「まんが」という表現を用いた本書です。ひと目で介護という仕事の流れを示すうえで、「まんが」というのは最適な表現手段だと思ったからです。

この「まんが」を用いて、まず1章では「介護の仕事の基本」を描きました。そのうえで、現場のチームの中で「基本を実践にどう活かすか」を描いたのが2章の「マネジメント編」です。

そして、これから先の介護職の方々のために、何をどう学んでいけばいいかを描いたのが第

3章の「キャリアアップ編」です。ホップ、ステップ、ジャンプの3段階になっています。

現在、介護職として働いている方々はもちろん、これから介護現場にチャレンジしてみたいという方にも、この3段階を歩みながら読んでいただければと思います。

本書を編むにあたり、いつも取材等でお世話になっている多くの現場の方々、また、まんがを描いていただいた、みなとあつこさんには、大変なご尽力をいただきました。この場を借りて厚く御礼を申し上げます。

介護福祉ジャーナリスト　田中　元

まんがでわかる介護のしごと◎もくじ

第1章 【基本編！】まんがでわかる介護のしごと

第2章

【マネジメント編！】介護現場のしごとの流れ

第3章

【キャリアアップ編!】

しごとのスキルをどう高めるか

人は「つながり」があってこそ動く

第1章 まんがでわかる介護のしごと【基本編！】

1-1

思いや習慣の積み重ねで人は「動く」

人の動作を支援するときは、その「動き」の背景にも目を配らなければなりません

介護職としては、その人の「できない」行為を支援するだけでなく、声かけや見守り、環境設定によって、「できること」を維持、または向上させていくことも大切な役割です。

しかし、時として、「できること」の範囲の見極めが難しくなることもあります。

普段、家で「している」ことが、なぜか通所ではできない。逆に、通所で様々な動作の訓練をしても、それが家での生活に活かされていない――。

介護職としては、「なぜだろう」というジレンマに陥りやすい瞬間です。

そんな時に大切なのは、その人の「している生活」をきちんと見るという基本に立ち返ることです。

「している生活」の中には、本人なりに「それができるようになる」ための様々な工夫が散りばめられているものです。それをしっかり見つめることが必要です。

もちろん、通所の職員であれば、在宅での状況をなかなか見る機会はとれないかもしれません。それでも、居宅のケアマネジャーや事業所の相談員などにお願いして、動画を撮影したり

しながら、視覚的に確認する方法はとれるでしょう。

時には、自分自身で「その動作」を実際にやってみる

例えば、「立ち上がる」という行為を見るとします。

その時、

①立ち上がる前の姿勢はどうなのか

②どこに手をついて（かけて）いるのか

③どんなタイミングで動作を起こすのか

——こうした一つひとつの条件や環境設定などに目を向ける中で、「できない」時との違いはどこにあるかがわかってきます。

ただし、言うほど簡単ではないこともあります。介護業務というのは、利用者の生活という流れに日々翻弄《ほんろう》され、個々の動作を細かく見る余裕がなくなりがちだからです。

そんな時は、自分が利用者になったつもりで、実際にその動作を行なってみましょう。「やってみる」ことで、利用者の立場がより実感できるようになります。

研修の場などでは、利用者の身になって体験するという手法はよく見られます。これを、日常の現場でもやってみる習慣を身に着けたいものです。

1-1

人の「動作」の仕組みがきちんとわかっているか?

現場で行なっている立ち上がりや移乗などの訓練。本来は「できるはず」なのに、なぜかうまくいかないというケースもあります。ショートステイの現場を舞台に考えてみましょう。

ベッドからの立ち上がり
さあ、足を少し引いて
上体を前に倒して
百聞は一見(一験)にしかず!?
ムリじゃ、こわい!
Aさんはこんな具合
おかしいなぁ。家では自力で立てるって娘さんが言っていたのに?
人が体を動かすときは…
重心から真下に伸ばした矢印が、支持基底面に入っていること。
支持基底面
あのさー、立位をとる際の重心移動、わかってる!?
あ、もちろん

ポイント1　突っ張り式の垂直バーを使う場合、床や天井の構造によって不安定になることもあります。定期的に安定性をチェックしましょう。

ポイント2　突っ張り式や床置き型の手すりは、介護保険の福祉用具レンタルの対象です。「手すり=改修工事が必要」と考える利用者もいるので、そのあたりの説明もていねいに。

ポイント3　家族の話だけでは、正確な状況がつかめないこともあります。アセスメントの際は、実際に目の前で「やってもらう」機会も設けましょう。

ポイント４　重心線が支持基底面に入っていても、身体が傾いたりして支持基底面の縁に近くなってしまうと、ちょっとした力が加わったときに転倒しやすくなります。

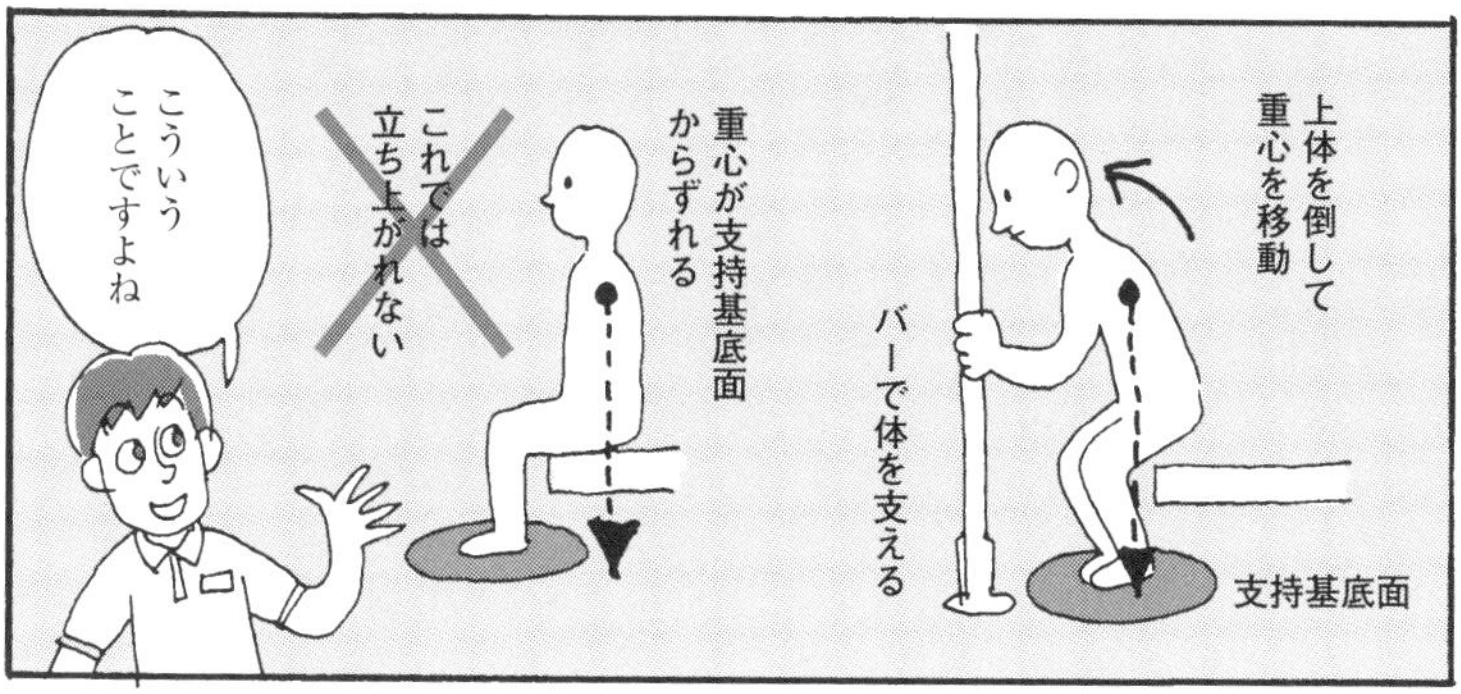
上体を倒して重心を移動
バーで体を支える
支持基底面
重心が支持基底面からずれる
これでは立ち上がれない
こういうことですよね

ポイント５　利用者の在宅環境を再現する場合、利用者宅に出向いて多方向から写真などを撮り、ベッドの高さや手すりの位置などの寸法を記録。正確な再現を心がけます。

なるほどそれではね
ここにAさんのベッド回りと同じ状況を用意しました。実際に立ってみて

ポイント６　片マヒ体験ができるスーツなどを活用して研修の場などで疑似体験をし、当事者の恐怖感やそれによる身体動作への影響なども学んでおくといいでしょう。

はい!
サ!
あのねー
①Aさんの心身の状態に立って②一つひとつの動作をチェックするつもりじゃなきゃ、意味ないっしょ
そうでした…

まず、ベッドのその低さでうまく足が引ける?
あ、ホントだ
つま先立ちもちょっと苦しいか
そもそも何でAさんのベッドを低床にしたの?
それは…

在宅にて…
寝台が高いと安眠できないって、父が…
在宅アセスメント
えっ？でも家では立てるんでしょ？
いやー、どうせならと思い切り低くしちゃって…
それともうひとつは垂直バーの位置だな
もう一度やってみて
あ、この位置だと重心移動がうまくいかないな
座位を浅くとるなら、もっと前にあることが必要だね
それと、体重が前ではなく横にかかっちゃうでしょ
はて？家ではどうやって立っていたんだっけ？
あ、そだ
ベッドの手前に台があったけど…あれを支えにしてたのかも
百聞は一見にしかず、フロアでAさんの生活を見てみよう
Aさん危ない!
よいしょ
ゆら～
あっ

ポイント7　ベッドの高さ調整は、座位保持や立ち上がりのしやすさだけでなく、介護者の負担（かがみこみによる腰痛リスクなど）を軽減するうえでも大切なポイントです。

ポイント8　手すりとベッドの位置関係によって、立ち上がりがうまく行かないこともあります。重心移動を頭に入れた機器の設定を忘れずに。

ポイント9　スムーズな体重移動のためには、垂直型と同時に並行型の手すりが必要になることもあります。両方を兼ね備えた「置き型タイプ」の手すりもあります。

ポイント10　家で何気なくしていた生活動作が、通所や短期入所などでも再現されていることがあります。両者を見比べての相違点・共通点などをきちんとアセスメントすることが必要です。

ポイント11　本人が「自然にしている行為」の場合、恐怖感が少ない分、筋肉の緊張が起こらずにスムーズな動作が可能となることがあります。

ポイント12　同じ動作でも「うまくいく」ときと「いかない」ときがある場合、その様子を記録にすることで、自分自身の気づきを広げる大きな力となります。

ポイント13　「どんな時に人の筋肉は緊張するのか」を考えることが必要です。言葉がけのほか、介助者の表情、空間全体の雰囲気など幅広く考察してみましょう。

立ち上がりは不安定だったけれどテーブルを使って自分から立とうとしてたね
うん、怖がってもいなかったね
では、その人の自然な動作を引き出す手すり（手がかり）は？
固定した台
…といった問題意識をもって経過記録を記すことも大切！
ただ書けばいいってもんじゃないスね
言葉がけ一つでも本人の緊張を高めることがあるのよ
お前声大きいもん！
もっと大切なのは「何をするために立つのか」という本人の意欲のあり方を無視しないことだね
僕も遊びに行く時だけは動きがよくなるな―
外出？
食事？
テーマが見えたら話し合ってみる！
Aさんの○○○カンファ

まとめ

立ったり、座ったり——私たちが何気なく行なっている動作は、様々な身体の機能が複雑に絡み合う中で成り立っています。そのバランスが崩れたとき、私たちはどこかで修正をかけようとします。

例えば、何か物につかまる、他者に支えてもらうなど。周囲からの言葉のかけ方一つでも、修正がしやすくなったり、逆に難しくなったりします。

人は、この「修正」を日常生活の中で自然に行なっています。だからこそ、その自然に「している生活」をしっかり見ることが大切になってきます。

1-2

人の「生き様」を理解するのもプロのしごと

利用者の人生にどれだけ思いを寄せられるか。それこそが「ケアの質」を左右します

介護職であれば、担当する利用者のことは「よく知っている」という自負があるでしょう。しかし、「知っている」という自信が過剰になると、落とし穴も生まれがちです。そもそもアセスメントなどから得られる「利用者の生活歴」は、その人の膨大な人生の時間からすれば、ほんのわずかに過ぎません。

主に家族から話を聞く場合、「家族が知らないこと」も意外に多いゆえに、理解が偏ってしまうこともあります。

大切なのは、「私たちは、意外にご利用者のことを知らない」という謙虚な姿勢からスタートすることです。そのうえで、偏見をもたずに利用者と向き合い、きちんとその人の話を聞いたり、何気なく「している」生活に目をこらすことが必要です。

つまり、現場において、利用者への関心をいかに高めることができるか。介護職の専門性とは、まさに「利用者への関心」を向けることにあると言えます。

その人の人生の「背景」をしっかりと学ぶことがプロの役割

もちろん、ただ「聞く」「見る」というだけでは、プロの支援とは言えません。

人の人生とは、個人的な価値観や家の事情などに加え、その時々の様々な社会状況が影響を与えているものです。

そうした、その人をめぐるバックボーン（背景事情）をきちんと知る、つまり、地域の歴史や文化などを学ぶことも必要になります。

さらに求められるのは、その人ならではの人生観が、その人の行動にどのような影響を及ぼすかということです。次のページで紹介するストーリーでは、利用者の歩んできた人生が、「一つの行動」に結びついたケースを取り上げています。

人が何か行動を起こそうとするとき、身体能力や認知能力が衰えていると、同時に様々なリスクもつきまといます。だからと言って行動を制限するのではなく、理解をしたうえで予測をし、カバーに入るということがプロの支援には求められます。

普段接している利用者の言葉や行動には、一つひとつ意味があるのだということを、まずしっかりと頭に入れる習慣を身に着けたいものです。

利用者の「生活」を きちんと見ているか？

高齢の利用者は、介護者側が想像できないほど長い人生を歩んでいます。表に出ない「歴史」が生活を左右しているかも知れないという見方が必要です。

これが私の生きた「道」
う〜ん…
どうしたの？
フロアでTVを見ていたAさんがリモコンを取ろうとして…
ああ 昨日の件ね 幸い大事には至らなかったけど 一晩検査入院したのね
そうなんですよ リーダーに「どうして発生したか」を事故報告書に書けって…
でも このスタッフ数で四六時中そばに付いている訳にも…
報告書
いつもはAさん あんなに突飛な行動はとらないわよね
うん、なんで そんなに慌ててチャンネル替えたかったのかな
その時
何の番組見てたの？

ポイント1　転倒事故の場合、その人が「何か行動を起こそう」としたときに発生するケースが目立ちます。その人が何をしようとしているのかを推し量る洞察力が大切です。

ポイント2　一見「大したことはない」ように見えても、後日、骨折が見つかったり、硬膜下血腫が生じたりすることもあります。事故に際しては、慎重な事後観察が求められます。

ポイント3　本人の生活歴の中で、家族が知っていることはごく一部ということもあります。家族へのヒアリングだけで、その人を「わかった」気にならないことも必要です。

ポイント4　GHのような共同生活の場では、「自分の好きな番組があっても、他の人を気づかってチャンネル主導権は握らない」という人もいます。その人の性格などを思いやりつつ、「本当に好きな番組」を見てもらう機会も持ちたいものです。

ポイント5　お互いの年齢が近い場合、スタッフや家族よりも利用者同士のほうが「本音で話す」傾向が高くなることもあります。

たまたまＴＶ見てたらゆかりの校名が出てきて昔の記憶が甦って熱中したのかもしれないわね
ピッチャーふりかぶって〜
…って介護職ならそれくらい知っておこうね
疎開？
wiki
旧制中学…？
wiki
人が何かに熱中すれば他のことへの集中力が低下する
あちっ！
だから…その人の関心がとっても高くなるシーンは…
絵画に熱中
読書に熱中
植木の手入れに熱中
必ずそばで見守りを…
その人の熱中するキーポイントがわかっていれば…
見守りに入るタイミングもわかる…と
そう言うこと
でもそーゆーポイントってどうやって探れば…？ご家族の話でも出てこないし
ご利用者本人に聞けばいい…
他のご利用者がスタッフより良く知っている事も
だいたい君たちご本人の話ってちゃんと聞いたことある？
う〜ん

ポイント6　利用者が子どもだった頃の学制や習慣などは、介護職であれば必須の知識として身に着けておくべきでしょう。昭和史には、特に目を通しておきたいものです。

ポイント7　何かに熱中するというのは、生活意欲を高めるうえで大切な要素です。ただし、同時にそこには何らかのリスクが高まっていることも意識しましょう。

ポイント8　「この人はこういう人」という先入観があると、意外な一面を示す話をつい聞き流してしまうことも。偏見を持たずに人と接することも、介護職の大切な技能です。

他人に話したくないこともあるだろうし…ねほりはほり聞くのは…
認知症の人の話は記憶が混同していることもあるし…
忙しくてじっくり聞いてるヒマも無いし…
20代
+
50代
あのね～

ポイント9　利用者の話を引き出すには、その人が「話したくなる」環境づくり（話題のきっかけとなるBGM、食事・おやつの提供など）をきちんと整えることも大切です。

ポイント10　向き合うスタッフによって、話の内容が微妙に変わってくることもあります。その情報をしっかり共有する中から「その人の真の姿」を導き出す取組みが必要です。

それじゃプロとは言えないでしょ！こっち見て！
その人の話を聞くコツ
Ⅰ
その人の日常の様子をまず見る
Ⅱ
事前の生活歴や趣味情報と照らし合わす
動物好きは初耳だ…
Ⅲ
生活シーンをもとに本人の話しやすい話題から掘り下げる
かわいがってたんだけどねェ…
そうだったの…
Ⅳ
少しずつ情報を上書き
昔、ネコを飼っていたと…
Ⅴ
チームで情報を共有
特に思い入れの強い部分は中座せず聞く
○○さんネコお好きなんですか？

まとめ

介護の本質は、「その人に興味をもつ」ことに尽きるとも言えます。その人の何気ない言葉や動作を目にしながら、常に「なぜ？　どうして？」という思いを寄せましょう。そこから得られる理解こそ、その人の人生を充実させるケアへとつながっていきます。

もちろん、その人が見せる姿はプラス面だけではありません。ときには、周囲を不快にさせる感情が表に出ることもあります。しかし、それは「何かをわかってほしい」という気持ちの裏返しかもしれません。その点を頭に置き、「なぜ？　どうして？」の思考を続けることが必要です。

1-3

要介護者が背負っている「つらさ」を心にとめる

心身の老化は「思い通りにならない」感情を生むもの。それを「わかる」ことが必要です。

介護現場では、「この人の状態像であれば、ここまでならできる」という見立てを行ない、少しでも「できること」を増やす方向で支援が行なわれます。

ところが、時として支援者側の見立て通りにいかないこともあります。

例えば、様々な生活場面で機能訓練などを進めるとします。ある程度まで「うまくいっていた」にもかかわらず、ある時期から本人の「やろう」という意欲が低下してしまいます。

支援者側は「なぜだろう」と考えるわけですが、人の心理に立てば、実は当然のように起こりうることでもあります。

なぜなら、どんな人でも、無意識のうちに「自分なりの目標」を描き、今の自分を「その人なりに評価する」ものだからです。

自分の生活を思い描いてみると、よくわかるでしょう。

職場の中に、何となく意識する「ライバル的な存在」がいるとします。周囲の人は、特にあなたとそのライバル的存在の仕事ぶりを比べているわけではありません。

意識するのは自分だけであり、「あいつには負けたくない」という無意識の目標を設定します。そして、それが達成できないと、「自分はやっぱりダメだ」と勝手に評価してしまいます。

本人の「長いマラソン」にじっくり付き合うような感じで

利用者の心にも、周囲が設定する目標や評価とは、まったく別の心理が生まれていることがあります。

仮に、「自分はどんなに頑張ってもダメだ（昔のような生活はできない）」と思い込んでしまえば、そこで、生活に対する意欲は落ち込んでいきます。

結果として、リハビリが進まなくなったり、「している」生活の範囲が狭くなったりします。

ここから、もう一度本人の気持ちを盛り上げていくには、支援者としての「焦り」が伝わらないように配慮しつつ、その人のマイナス感情にきちんと寄り添わなくてはなりません。

つまり、「つらい気持ち」に対し、「あなたのつらさは、よくわかっている」というメッセージを送り続けることです。

そのうえで、揺らぐ心理が再びプラスに向かえるよう、粘り強くケアしていくことが求められます。長いマラソンをじっくり伴走《ばんそう》していくというイメージが大切です。

利用者の「心」に寄り添えているか?

人の心は揺れ動きやすいもの。今は「うまくいっている」としても、その意欲が後ろ向きになることがあります。本人の心と常に向き合うことが大切です。

つらさ・寂しさ わかってください
ありがとうございましたー
○○さん またねー
○○ホーム
………
今日のアフターミーティングやるよー
はーい!
何か浮かない顔してどうしたの?
実はですね
Aさんの事で…
あれだけ熱心だったお習字…
うまいねー
最近は…
どうしたの?
僕はBさんの事… トイレでの排泄の自立を進めていたのに…
自立度が後退?

ポイント1　デイサービスからの帰宅時は、ただ見送るだけでなく、言動や疲労の具合などをきちんとチェックしましょう。

ポイント2　本人の活動や言動については、過去の記録と現在の状況を比較し、「何らかの変化」が認められたらその都度報告をしましょう。

えーと
Aさんは
昔、お習字の
師範だったよね
そうです
脳梗塞で
軽い右マヒが
残ったけど
懸命に
リハビリをして
とてもいい
状態で回復
してたのに
パッ パッ
Bさんは
プライドがとても高くて
自分で
出来るわい!
トイレの
立ち座りとかの
自立のためリハビリに
取り組んでいたのに…
ここの所
意欲低下
が…
どーもー
遅くなりましたー
?
ん?
どうした…の…?
ああ
Aさん
Bさんの
機能訓練の
状況ですね
3ヶ月先の目標設定をして…
1ヶ月目あたりまでは
お二人とも意欲的だったんですが…

ポイント3　日々の「している活動」が、単なる趣味ではなく職能の域にまで達している人の場合、自ら目標ハードルを高くしがちな点にも注意をしましょう。

ポイント4　プライドの高さは、態度や言動だけでなく、例えば「日記にリハビリの進ちょくを記している」など目立たない行為からうかがえることもあります。

ポイント5　目標期間の設定は、本人のペースなどを考慮しつつ、リハ職などと慎重に検討しましょう。

1-3

特に身体状況が悪化しているわけでもないけど…
今日はもう疲れた…
？
こんな訴えがありますね
う〜ん…
それってさあ…
その人の「心」にもっと深く思いを寄せないと…
えーちゃんと思いやりを持って接してますよ
そうじゃなくて…
自分の障がいを受容する
でも時につらさや苦しみが再燃
人の「心」は常にこういったサイクルを描くということ…
サイクル？
つらさ 苦しみ 絶望感
受容
展望
よし リハビリを頑張ろう
こういう流れが理想なんだろうけど実際はこうはいかないよね
つらさや苦しみは決してゼロにはならないもんなー
でもリハビリ計画とかこんな流れで作ってない？
そうですねご本人がやる気を見せた所で「達成」と見ちゃいがちかも…
僕たちそれをほめたたえているだけ…

ポイント6　受容と「つらさ」のサイクルは、身体状況だけでなく、例えば肉親の死などに向き合ったりするときにも起こりえます。

ポイント7　目標に向けた道のりというのは、実は「直線」ではなく「らせん」を描いているというイメージが近いでしょう。

ポイント8　本人の言葉だけでは「本当の意欲」を推し量ることはできません。言葉の裏にある「本音」を見つめることが必要です。

ポイント９　「頑張って」とか「元気を出して」という言葉は、時に負の感情を押し込んでしまうだけになり、本人の苦しみを強めることがあります。

ポイント10　対人援助技術の基本である「バイスティックの７原則」を常に頭に入れ、介護職側の価値観で誘導したりしないように心がけます。

※バイスティックの7原則
①個別化
②意図的な感情表出
③制御された情緒関与
④非審判的態度
⑤自己決定
⑥秘密保持
⑦専門的援助関係

Aさんも…
サラ サラ…
あの時の作品の輝きはもう…
Bさんも…
トイレさえ一人で満足に出来ないなんて…
そういう割り切れない思いを常に抱えている
そうですね
うーん
じゃあ どうすればいいかな?
まず、その人の心のサイクルをしっかり受け止めて
負の感情
前向きな心
負の感情は無理に押さえつけないで傾聴する
となると…リハビリの場では…
前向きな時は
今日はここまでできましたよ
成果をきちんと示し
負の感情の時は
ヒーリング音楽とかアロマテラピーとかを活用して
つらさ、苦しさを和らげつつ
ゆっくり話を聞きながら正への転換を待つ
急がば回れって言うしね!

まとめ

人の活動は、心の動きに大きく左右されます。リハビリの現場でも、専門職ならば、訓練する人の心の状態をきちんと推し量ることが大切とされています。

心の動きが何に影響されるのかといえば、一人ひとりまったく異なります。一見、意志の強い人であっても、それは「他者に心配をかけたくない」という性格が現れているだけで、本質は「割と落ち込みやすい」ということもあります。

そのあたりを察知するのは、生活の場で密着することが多い介護職の役割が大きいと言えるでしょう。介護職は「生活を見るプロ」という意識が大切になる場面です。

1-4

人の生活は「つながり」の中で影響を受けている

多様な人間関係の中で、人の生活が変化していく瞬間を見逃さないようにしましょう

社交的である人もそうでない人も、他者から見えにくい部分で、様々な人間関係を作りあげています。そして、それは人の行動に大きな影響を与えています。

例えば、何らかのサークル活動に参加していたとして、その人が前向きに取り組めるかどうかは、そこに参加している人々との関係によって左右されたりします。

そのサークルで行なっていることが、その人にとって「大きな生きがい」であったとしても、そこでの人間関係が悪くなると「参加を渋る」ということも起こりえます。

私たちであっても、同じ「遊びに行く」のでも、「誰と行くか」によって前向きになるかどうかは大きく変わってくるのではないでしょうか。

介護サービスの利用者も同様です。例えば、よく見られるのが、「知り合いの○○さんがいるから、通所に行くのが楽しみ」というパターンです。

では、その「○○さん」が入院などで通所に来なくなったとして、それによって「通所に行く」という意欲が低下した場合、支援者としてどうすればいいでしょうか。

本人たちも意識しない「共通の価値観」が生まれていることも

ここで大切になるのは、「誰と（具体的な人）」だけでなく、その人と「どのような関係」を築いていたかを知ることです。

何となく〝うま〟が合うということはありますが、その場合でも、掘り下げてみれば、何かしらの共通の話題が交わされていたりするものです。

例えば、お互いのおいたちに近いものがあるとか、趣味が同じであるとか、もっと言えば、物のとらえ方などに共通の価値観があったりします。

それは、時に本人たちも意識しない中で、和気あいあいにつながったりします。

支援者としては、そうした生活の一部分にしっかりと目を向け、そのうえで「他にも同じものを共有できる人はいないか」を考えることが必要です。

自分から新たな人間関係を作るというのは、相当なエネルギーを要するものです。

周囲が最初の「橋渡し」をすることで、その人の社会生活を豊かにするという効果も考えましょう。

利用者の「人間関係」の大切さがわかっているか？

人が何気なくしている生活は、周囲の様々な人間関係から影響を受けています。その人の生活意欲を高めるうえで頭に入れておきたいポイントです。

人は「つながり」があってこそ動く
人という字は…
テーブルガーデン好評だねー
車イスの人でも園芸ができるからね
？
一人でゆっくりお茶飲みたいって…
あれ？Aさんどうしたの？参加しないの？
ヒソヒソ
ああ、この間入院したBさんね Aさんと仲良かったからねー
やっぱりBさんのことで元気が出ないのでは？
でもAさん園芸だけはとても楽しみにしていたのに…
う〜ん…

ポイント1　テーブルガーデンは、レイズベッドなどとも呼ばれ、車いすに座ったままガーデニングができる花壇。ガーデンの下に足を入れて、正面から園芸作業ができるものもあります。

ポイント2　利用者が入院したり、亡くなった場合、その人の「不在」による周囲の利用者への影響に気を配る必要があります。

ポイント3　何気ない「ひそひそ話」が、近くにいる利用者にとっては「気に障る」行為になることも。認知症の人であっても同様です。

こらこら
ご利用者の前でヒソヒソ話はしない！
あっ！すみません！
Aさんがどうかしたの？
実は…これこれしかじか…
園芸の楽しみってケアマネ情報？
ふーん

サービス担当者会議の時にケアマネとご家族からー
お元気だった頃は…
ご近所の人と園芸サークルを作っていたとかで…
そうか…園芸サークルねえ

ポイント4　グループ活動が好きという人でも、それが「どのような人たちによる、どんなグループなのか」まで掘り下げないと意欲の方向性はつかめません。

で？どんなおつきあいだったのかな？
さあ…そこまでは…
あ、そう
まあとにかく園芸＋集団で行動の方向で支援計画を立てた訳だね
はぁ…

ポイント5　ケアの目標設定をする際には、「どんな状態になれば、その人の輝いている姿が再現できるのか」を頭に描く習慣をつけましょう。

いつも話しているけど目標設定する上ではその人の社会参加の姿を見極めることが大切なのよ
工芸
買い物
そのつもりなんですけどねー
そう？じゃあ次のページ見て

その人の社会参加ビジョンを描く場合、基本はこうなる…
△
本人が「何を」しているか？
社会参加の姿
○
本人が…
いつ
どこで
誰と
どのようなシチュエーションで？
何をしている？
ココまで描ききることが大切
誰と
with who
特に重要なのは「誰と」だよね
誰と？
園芸サークルの人≒Bさん？
誰と
そうそう…なぜ「Bさんと」園芸をやることで前向きになったのか？
Bさんとの関係に園芸サークルのような「つながり」があった？
ケアマネにもう一度確認してみる！
僕は送迎の時ご家族に聞いて見る
お！やる気出た！
後日カンファレンス
でどうだったの？
Aさんの園芸サークルの仲間というのが…戦後、移住する前の近隣地域で農業に携わっていた方々で

ポイント6　特に認知症の人の場合は、どういうシチュエーションが「心を穏やかに前向きにさせる」のかを細かく詰めていくことが必要です。

ポイント7　利用者家族とのコミュニケーション機会を増やすことは、その人を知るうえでも大切な財産。何気ない立ち話から、貴重な情報が得られることもあります。

ポイント8　長年住み慣れた地域の「記憶」というのは、人間関係において共有しやすいポイントの一つ。良好な人間関係を作っている「記憶の共通項」を見つけましょう。

ポイント9　地域のことをよく知っている人が、ボランティアや運営協議会を通じて参加していることがあります。いろいろな話を聞いてみましょう。

僕らあまり気に留めなかったんですけどBさんも同地域の出身で
他地域の人ではわからない深いつながりがあったのかも
同じ地域出身の人ならCさんもいるね
あと、スタッフならボランティアのDさん…
ああ、あそこは昔棚田の地域で
あの風景自体が
心のふるさとのようなものね…
そこでDさんを介して
AさんとCさんで園芸チームを組んでもらった
Aさんまた積極的になってきたね
もうすぐBさんも退院して来るしあのチームに加わってもらうわ
一度その棚田風景が残る所にAさん達をお連れする計画をたててみようか
僕らも自分の目で見て見たいね

まとめ

利用者の中には、親族からの「呼び寄せ」のような形で、なじみのない土地で介護を受けるというケースも見られます。その場合、なじみの関係がなかなか築けないことによって、生活意欲の低下につながりやすくなることがあります。

ただし、昔の関係を取り戻すことは難しくても、それに近い環境を作ることは可能です。例えば、以前住んでいた地域では、「周囲の人の相談にのる」といった世話役的な役割を担っていた人がいたとします。その役割に目を向ければ、「何かをお願いするのが上手」（頼り上手）という人との関係を橋渡しすることが考えられます。

1- 5

「気持ちいい」生活の演出がケアの好循環に

環境や身だしなみによっても、「心のあり方」は大きく変わってくることがあります

認知症ケアなどでよく問題となるのは、事故につながることを抑えたいがゆえに行動を抑制し、それがかえって本人の混乱を助長してしまうというパターンです。

ただし、これは認知症の人に限った話ではありません。仮に、自分たちが当事者になったつもりになって考えれば、すぐにわかることです。

例えば、ずっと家に閉じこもり、外出したくても外に出してもらえない——そんな状況を想像してみてください。

誰でもストレスがたまり、いらいらしたり、近くの人に当たるようになるでしょう。その後は、何もやる気が起きなくなるという状況に至るはずです。

また、お洒落や身の回りの整理整頓に気が向かなくなってくると、何となく気分が落ち込むという経験をする人もいるでしょう。

整容に無頓着になる↓何に対してもやる気が起きない↓ますます身の回りの環境が荒れてくる、という悪循環も生じてきます。

「自ら何かをしよう」とする意欲を引き出すために

人は誰でも、社交性に対する欲求を持っています。外の空気を吸い、誰かと会い、その人に見られるためにお洒落をしたりする——これを叶えようとすることは、社会的動物である人間の本能に近いと言えます。そのリズムが狂ってしまえば、感性や理性の働きが鈍ってしまうのは当然のことです。この点を考えたとき、本人にとっての「気分転換」の機会を提供していくことは、生活の質を向上させるうえで極めて重要なポイントと言えます。

介護というと、その人の様々な行動を支援することがまず頭に浮かびます。この場合、「行動を支援する」とは、広い意味で言えば、「その人が自ら何かをしよう」とする気持ちを引き出すことも含まれます。「気分転換」の機会を作るのは、まさにその一つと言えます。

介護保険では、訪問介護の「散歩介助」がサービスに含まれるのかどうかが、いまだに議論の対象となっています。しかし、「気分転換」の重要性を考えれば、立派な自立支援の一つであることは間違いありません。これからの介護職として、特に意識したい点です。

整容や気分転換と「生活の質」との関連は？

身の回りのちょっとしたことを整えることで、介護現場全体の流れが改善されることがあります。目のつけ所をどこに持っていくかを考えてみましょう。

『その人』らしさにふと気付く時…
グループホーム ○○の里
法人内異動で久しぶりにこのグループホームの管理者だ
夕食時
石ケン
ウロウロ…
ご利用者のBPSDが悪化している!?
空気の流れも慌ただしい…
あ!
Aさん
その夜、現場リーダーと面談
えーと…
僕がいない間の一年でこんなに変わってしまうなんて…
昨年末にベテランのB職員、C職員が辞めて…新人を採用したけど慣れてなくて…
ご利用者の認知症も進行してるし…

ポイント1　GHに一歩入ったとき、その場の空気の流れで「ケアの質」が一瞬でわかることがあります。時々、第三者の視点で現場を俯瞰して見ることも大切です。

ポイント2　BPSDは、周辺症状の意味。

ポイント3　職員個人の技量だけに頼るケアは、仮にその人が現場を抜けると一気に崩壊してしまう危険がともないます。「ケアの質」をシステムで支える仕組みが必要です。

ポイント4　認知症が進行すると、様々な運動機能への影響が見られるようになります。誤嚥のほか、転倒などのリスク増加も頭に入れておくべきポイントです。

ポイント5　利用者の重篤化の一方、現場の人手不足感は年々高まっています。ピンポイントでベテランを配置しつつ、どこかで好循環を作る戦略を築きましょう。

嚥下反射が衰えている人もいて見守り時の緊張感も高まっているのか…
うーん
記録
夕食時になるとDさんが必ず外に出ようとして…食事時は見守りの手が足りないので仕方なく施錠しています
ご家族の許可は得てます
ご利用者が外に出て行く時は職員が付き添ってたよね以前はさー
まあそうなんですけど…
人手が足りない
適切なケアが出来ない
BPSDの悪化
悪循環だなー
好循環を作るには…!
Dさんて毎日夕方同じ時間に出かけようとするんだよね
娘さんのお迎えに行っていた記憶から…
そうですね
ソワソワ
時計見て5時過ぎるととたんにソワソワ
じゃあさDさんに僕が付き添って外出するよ
夕食時には法人の非常勤経験者を一人臨時で御願いするから
はあ
そして後日…
グループホーム〇〇の里

ソワソワ
キョロキョロ
Dさん そろそろ娘さんのお迎え時刻ですか?
そーなの そろそろおいとましないと…
では私もそこ迄出かけるのでご一緒しましょう
そうねえ でもこんな格好じゃ… 外で誰に会うかわからないし
Dさん お洋服たくさんもっていらしたから
じゃあ着換えて行きましょう!
ぱっ!
あらDさん 素敵なお洋服
じゃあ行ってきます
ああ、夕方の風が心地いいわね
あら、Dさん お久しぶり すてきなお洋服ですね
あ、どうも…
?
ハッ
そうだ… 娘はもう保育園を出たんだ… あそこにはいないのね

ポイント6　認知症の人の中には「決まった時間」にそわそわし始めるケースがあります。その習慣をきちんとアセスメントすることが、計画的なケアへの第一歩です。

ポイント7　いくつになっても、きれいに着飾ったり化粧することへの欲求は残っています。本人の目線に立ち、押し付けにならないように誘うコツを身に着けましょう。

ポイント8　散歩は簡単な有酸素運動の一つであり、脳の機能を活性化させるうえでも有効です。

ポイント9　BPSDの悪化が、見当識の混乱などを助長している可能性もあります。正確な認知症診断のためにも、ストレスなどを緩和する「初期対応」が重要になるわけです。

ポイント10　集団生活の中では、一人の不穏な状態が伝染することもあります。ピンポイントの改善が全体を改善するという「連鎖」を頭に入れることも大切です。

……と言うわけ
一時的とは言え記憶障害も改善した⁉
それはびっくり！
認知症が改善することはないけれど…もともとの能力がストレスや不安でおさえられていたのかな？
イライラ
グループホーム○○の里
その後のDさんの様子はどう？
それがですねー
ご家族にお願いしていろいろな昔の洋服を試してもらい
そしたら…
あらーあんたその服いいわね
ご本人は夕方になってもそわそわしなくなったし
ホームの雰囲気全体がよくなったんですよ
若いスタッフもご利用者の髪をとかしたりお化粧手伝ったり
バタバタした空気も改善
！
うわあきれい
ご利用者一人ひとりの「生活の質」を整えて行けば好循環が作れる…それをみせたかったのさ
整容や気分転換
本人の生活の質がホーム全体に波及
BPSDの改善も
スタッフの負担減

まとめ

人の心が不穏になるというのは、認知症の人に限った話ではありません。例えば、私たちであっても、一日中部屋に閉じこもったり、清掃や身だしなみに気を配らない生活をおくっていれば、何となく気持ちが悶々としてくるものです。

そこで、思い切って着飾り、「表の空気」を吸いに外出してみるとどうでしょう。意外に気分がすっきりして、気持ちが落ち着き、思考力も改善されたりします。認知症の人も同じこと。外出機会を増やしたり、きれいに着飾ったりすることが、ＢＰＳＤを改善させ、それが周囲にも波及することがあります。

1-6

ケアを点ではなく、線・面でとらえよう！

「それをする」ことが自己目的化すると、ケアの本質が見えなくなる危険が生じます

私たちは、食事介助、排泄介助、口腔ケアという具合に、介護業務にそれぞれ名前をつけています。仕事を進めるうえでは、「何をするか」という括りが必要だからです。

しかし、それはあくまで「業務上の括り」に過ぎません。

現実の生活というのは、それぞれの行為が切り離されているものではなく、その前後の行為と相まって「連続した線」を描いているものです。

例えば、「食事をする」という前後には、「手を洗う」「調理をする」…そして「食事」が入った後、「お茶を飲む」「後片付けをする」「歯を磨く」という行為が連続しています。

大切なのは、その中の一つを取り出してみたとき、その前後の行為が様々な影響を与えているという点です。

「調理をする」中で、火を通した食材のいい香りをかげば、だ液の分泌がよくなって「食事がすすむ」こともあるでしょう。

繊維が多い「食事」をすれば、歯のすき間に食材がはさまりやすくなって、「歯を磨く」時

間を要することになることもあります。

いずれにしても、一つの行為の前後がどうなっているのかを見極めないと、そのケアの効果をきちんと見定めることはできません。

特に「口腔ケア」は、前後をしっかり観察することがポイント

ケアを点でとらえてしまうと、「その行為」の目的が見えにくくなる――その代表として取り上げたいのが「口腔ケア」です。

口腔ケアは、それを行なうことで様々な効果が期待できます。しかし、前後の状況を見極めないと、本当の効果を見極めることはできません。

例えば、認知症がある場合、口腔ケアの際になかなか口を開けてくれないというケースがあります。「それはなぜか?」を考えたとき、その前の食事時のコミュニケーションの状況、あるいは何を食べたか（口腔内に与える刺激の問題）が影響しているかもしれません。

このように、その人の生活行為を「線」、あるいは環境要因などを含めた「面」でとらえていくことは、自立支援を進めていくうえで大切なポイントとなります。

一つのケアに一生懸命なのはいいですが、視野が狭くならないように気を配りたいものです。

日々の「口腔ケア」で大切なことは何か？

口腔ケアは機能向上を図るうえで、欠かせないケアの一つです。大切なのは、生活の流れの中で口腔ケアの果たす役割を見つめることにあります。

毎食後の
口腔ケア
めんどう
だなぁー

「何のためにやるのか」を
忘れてない？

ポイント1　すべて介護職が「してしまう」のではなく、その人が自分で磨いたりできる部分をやってもらうことも、自立を進めるうえでは大切なケアのあり方です。

ポイント2　嚥下反射が衰えている人の場合、口の中に残った雑菌がだ液とともに気管へと入り込み、それが原因で誤嚥性肺炎になることがあります。

口腔ケアの目的

Ⅰ　ムシ歯・歯周病予防

ふ～う、休憩
口腔ケアってどうして大切なんだっけ？
えーと…こういうことでしょ

Ⅱ　誤嚥性肺炎の予防

Ⅲ　咀嚼・嚥下機能の維持回復

Ⅳ　自浄作用の維持・向上でその他の感染症予防

効果はいろいろあるよねー

Ⅴ　脳への良い刺激（認知症予防効果も？）

で、その効果は上がっているのかな？
わ！、びっくりした…
口腔ケアの後の記録だけど…おざなりだねー
いや…そんなつもりは…
え？ そ、そうかな…
夕食後に口腔ケア
特に問題なし
いつも通り
口腔内異常なし
いつもこんな感じなんだけど…
いや、だって本当に…
専門医じゃないから細かい異常はわからない？
あのね…介護職が気づけるポイントがあるでしょ？
①前後のコミュニケーションはどうか？
拒否はないか
口臭もチェック…
②口を開けた時の状況は？
開けづらい、だ液が少ないなど
③手指の動き嚥下の様子
自分で磨ける範囲は？
口腔ケアは前後の「流れ」も大切！
あえてチェックリストは作ってないけどさぁ
流れ？
食事前
食事時
口腔ケアの前
口腔ケア
ケア後の様子
この部分だけ切り離して口腔ケアを考えてもダメ
うーん

ポイント3　口腔ケアは、利用者のちょっとした変化をじっくり観察できる貴重な機会です。「いつもと違う」反応から脳梗塞の早期発見に結びついたケースもあります。

ポイント4　前後のコミュニケーションによって、スムーズな口腔ケアが進むかどうかを左右することもあります。心の状態と口腔の状態が結びついているという意識も忘れずに。

ポイント5　口腔内の見た目だけでなく、本人の訴えや口臭など察知できる情報はたくさんあります。どんなケアでもそうですが、五感を研ぎ澄ますことが大切です。

「流れ」で考えることで、口腔ケアのやり方も変わってくる？
では、こんなケースを想定してみよう
食事量の低下
認知症の進行
「している生活」の変化
口腔ケア
食事量が低下している場合…
疾患等のリスクもさることながら…
嚥下や咀嚼の状態は？
食事量記録
口腔内に変化は？（だ液の量、口臭などは？）
いつもより丹念に
口腔内の刺激を増やしてみる
認知症の進行
嚥下等の機能はどうか？
・口を開けてくれない
・自分で歯ブラシを使わない
口の中に食べたものが残っている？
運動機能の問題か？前後のコミュニケーションの問題か？
そうか…その人の生活像をきちんと頭に入れれば
口腔ケアの際に「こうしてみては？」という発想が出てくる
前後の状況に応じて目的をもってトライすることができるよね
例
・歯ブラシ等を変えてみる
・声かけを変えてみる
・首回りをマッサージしてみる
など

ポイント６　食事量の記録は、ごはん、汁物、固い料理、柔らかい料理などという具合に細分化して記録すると、傾向がよりはっきり見えてきます。

ポイント7　認知症の人で口をなかなか開けてくれない場合、脱脂綿などをちょっと湿らせて唇をふいてみるなど、ソフトな刺激を与えることが有効になることもあります。

ポイント８　介護現場で歯科衛生士が活躍する機会が広がっています。地域の歯科医師会などと相談して、定期的な派遣などがお願いできないかをあたってみたいものです。

ポイント９　介護職による口腔内の喀痰吸引が可能になりました。こうした機会が増えることは、口腔内の状況を詳しく知るチャンスにもなることを意識しましょう。

とにかく、いろいろトライしてみることが大切だね
こらこら…
根拠あるケアを忘れない！
ご利用者の姿を感覚だけでとらえてはダメだよ
直感は大事だけど…
仮説を立てろ
しかるべき専門職に確認したり…
裏づけとなるデータをチェックしたり…
Ns
Dr
記録
記録…
えーと、口腔ケア研修、器具の知識…常日頃から目的意識をもって技能向上も図りたい
口腔ケア研修
技能と根拠の裏づけあっての口腔ケアというわけか
そして…
その「流れ」をきちんと記録する
前後のストーリーを頭に入れながら記録しないとね

まとめ

私たちが朝目覚めたとき、歯磨きをするとします。その後の生活にどんな影響がおよぶでしょうか。口の中をさっぱりさせることで目覚めがよくなり、その日一日をすっきりと過ごす助けになることがあると思います。

口の中は様々な神経が集中している場所でもあり、そこに刺激を与えることは、その後の生活の状況に少なからず影響を与えることになるわけです。要介護者であっても同様です。日々の口腔ケアによって、その人の生活にどんなメリットがあるのかを「一日の流れ」の中に位置付けること――それだけでもケアの意識が変わります。

1-7

「環境を整える」ことの大切さ、わかっている？

例えば、訪問介護の生活援助は何のためにあるか

利用者の生活環境を整えることで、何が変わってくるのかを深く考えましょう

平成24年度改正で、訪問介護の生活援助に関し、時間区分の線引きが60分↓45分と変更になりました。ヘルパーの労働対価などを考えたとき、実質的に短縮されたことになります。

次の制度改正でも、「生活援助」の扱いをどうするかが大きな議論となりそうです。

そうした中、例えば、生活援助の一つである「屋内の清掃」にはどのような意義があるのか——こうした点を、現場としてしっかり考えていくことがますます必要になるでしょう。

清掃によって得られるメリットというのは、利用者の生活環境の改善です。

その先には、ＱＯＬ（生活の質）の向上という大きな目的があることは、介護職であるなら誰でも頭に入っていることでしょう。では、そのＱＯＬというのは、具体的に何を指すのか？

この点を、言葉できちんと説明することができるでしょうか。

例えば、身の回りを整理整頓すれば、動線もスムーズになり、利用者の生活の幅も広がるという考え方があるとします。

確かに一つの見解ではありますが、それは一般論でしかありません。そこには、「個々の利

用者にとって」という大前提が抜けがちです。

支援者側の価値観だけで「環境整備」を進めていないか?

利用者には、一人ひとり「していた生活」、あるいは目立たないけれど「現在もその人なりにしている生活」があります。それを回復させる、あるいは継続してもらうということが、自立支援の姿であり、その一つとして「環境整備」があるわけです。

問題なのは、そこに支援者側の価値観が入り込みやすい点です。

例えば、「部屋をきれいにするのは、気持ちよく生活するうえで当たり前」であったとしても、その人にとっての「生活しやすさ」は、その人の価値観によって異なります。

それを無視して、「こうするのが当たり前」という意識だけで支援を進めてしまえば、逆に「生活のしづらさ」や「支援をうっとうしく思う感情」が浮かびかねません。

その点を考えたとき、「環境整備」と「利用者の生活観を知る」ことは、同時並行で進めるべきものです。そこに、利用者支援の本質があることを頭に入れたいものです。

「環境を整える」ことの大切さ、わかっている？

訪問介護の生活援助はなぜ大切なのか？　介護保険の給付範囲が絞られようとする中で、立ち位置をしっかり固めることが必要な時代になっています。

45分
何のための生活援助？
ガー
ガー
事業所でのお茶タイム
時間区分が45分になってから…
やっぱりバタバタしちゃうよねー
やっぱり効率のいい家事手順をもっと考えたほうがいいよねー
うーん
あれどしたの？
そーゆーことばかりに気を遣っていると…
ヘルパーって何なのかと考えちゃったり…
家政婦だよねーこれじゃ…
家政婦ねー

ポイント1　平成24年度改正で、生活援助の時間区分が60分から45分に変更となりました。慌ただしさが増す中で、利用者宅の空気が乱れがちになるという懸念の声も浮かびます。

ポイント2　次期制度改正では、要支援者に対してボランティア等による生活支援サービスが予定されています。生活援助の専門性が保てるのかどうかが課題として上がります。

え?
ヘルパーの専門性について改めてレクチャーしてほしい?
うーん、時間に追われやすい改正後の今は必要かもね
そうそう…
で、事業所内レクチャー
生活援助の専門性
で、例えばだけど…
掃除、洗濯は何のためにやるの?
ご利用者に気持ちよく過ごしてもらうため?
QOLの向上ってやつだね
う〜ん…
ほー、それでは家政婦とどう違うのかな?
スッキリ…
そうだよなー「気持ちよく過ごしてもらう」なら一般の家事サービスも同じだし…
環境を整えることの先にあるメリットをもっと具体的に考えてみて…
すっきり整頓
動線スムーズ
自立の促進?
きれいになった
人を招きやすい
社会参加

ポイント3　例えば、AさんとBさんでは「気持ちよく過ごす」ための価値観が異なることもあります。「気持ちよさ」という価値観を一方的に押し付けていないか注意が必要です。

ポイント4　生活環境を整えることで、本人の「できること」「したいこと」が広がるケースがあります。ただし、その場合でも「本人の生活文化の流れ」にきちんと沿ったものになっているかを慎重に考えましょう。

環境を整えることで「社会参加」や「活動性」が高まる？
それはそうなんだけど…
その人の「していた」生活にもっと思いを寄せてみてよ
洗濯
腰痛が出て干せない
洗濯機を回したりたたむことはできる
そうか！「かかわり方」次第で…
自分で「できる」ことが広がるんだ…
冷蔵庫の中を整理すれば…
自炊ができる
掃除機さえかければ…
身の回りの整頓はできる
提供計画にもそう書いてるんだけどね…
「していた」生活を築き直す発想があれば、こういう自尊心の喪失も防げる
私にはもうできることがない…
ガー
その人の築いてきた生活に思いを寄せないとねー
でも、ゴミ屋敷同然のお宅は、それ以前に清潔重視では？
「していた」生活とか考える余裕ないもんねー
家事は、奥さんが生前の時に全部任せていたというケースは？
やったことないわい！
「していた」家事歴がそもそもないとか…

ポイント5　要介護状態になり、一見「生活行為の範囲」が狭まっているように見えても、その中でその人なりに「している」行為が残っているもの。そこに着目しましょう。

ポイント6　サービス提供が慌ただしくなってくると、本人の生活ペースとかけ離れていきがちです。それが本人の自尊心を失わせる危険に気を配ることが必要です。

ゴミ屋敷への対処などはチームケアの中で必要になることはあるけれど…
その前に、「ゴミ屋敷」とか「家事歴がない」ということを安易に決めつけてない？
え？…
ケアマネのアセスメントで「家事歴なし」となっていても、実は夫も小さな役割を担っていた…とか
下膳の手伝い
一見、ゴミ屋敷の中でもご本人なりに「整理整頓」していた部分があったとか…
これはココ
そうか！ケアマネでさえ気づかなかった、その人の生活に「気づける」のがヘルパーなんだ
アルバム
生活援助は、大切なアセスメントやモニタリングの機会でもあるんだね
生活を「見る」のが援助の一つなんだ
で、気づいたことはケアマネに伝える

ポイント7　例えば、事前に利用者宅の室内写真などをヘルパーに見せ、「その人なりにしている部分」がどこにあるのかを考えさせるという機会も持ちたいものです。

ポイント8　生活援助の中で「利用者なりのしている生活」に気づいたら、サービス提供責任者を通じてケアマネに伝えていきましょう。ケアマネにとっては、大切なモニタリングの機会となります。

まとめ

介護サービスを「一方的に提供するもの」と考えてしまうと、生活援助の本当の意義は見えてきません。利用者の「生活環境」には、その人が築いてきた「生活の証」があります。そこに手を入れるのが生活援助であると考えた場合、利用者の生活と対話するという、一種のコミュニケーションがそこで成立しているわけです。

　この点が意識できれば、「どの部分をどのように整えるか」によって、利用者自身が「これから先は自分でやろう」という意欲を高めることも可能になります。その先にある生活のビジョンをしっかり見つめたいものです。

介護側に「求められていること」をしっかり考える

医療や看護との連携に向かうとき、「お伺いを立てる」だけで終わっていないでしょうか

医療と介護の「切れ目ない連携」が強調される時代に、介護側が医療・看護の専門職とどのように向き合っていくかが問われています。

連携というと、お互いがフラットな関係で、利用者(患者)やその家族にとっての「望むべき姿」を一緒に描いていくことが、一つの理想像と言えるでしょう。

しかし、現場ではなかなかそうなっていないのが現実です。

例えば、医療から介護へと移る「退院」という段階。ここで、退院時カンファレンスやサービス担当者会議が開かれます。

その時に生じてしまいがちなのが、「介護側が医療・看護側にお伺いを立てる」あるいは「指示をもらう」という流れになってしまうことです。

わが国の医療・保健・福祉の世界では、長い間、医療職を頂点とするヒエラルキー(ピラミッド型の階層構造)が形成されてきました。その伝統は、いまだに現場レベルで脈々と続いていて、フラットな関係を築くうえでの弊害となっています。

自分たちの専門性を「言葉」として発することができるか

問題なのは、医療や看護、リハ職などの「無理解」や「上から目線」だけではありません。介護職側もまた、ピラミッド構造に甘んじてしまい、「自分たちの専門性」をきちんと訴えることを放棄しているシーンが見られます。

もっと言えば、「自分たちの専門性」を、多職種との連携の中で、きちんと言葉として発していく訓練がなされていないのです。

では、介護職の専門性とは何でしょうか。

それは、利用者が自らの生活を「どうしたいのか」という視点に立ち、治療や療養とのバランスの中で、それをいかに実現していくか――そのためのビジョンを形づくることにあります。

次ページからのストーリーでは、誤嚥性肺炎のリスクがある利用者に対し、胃ろうによる栄養管理を行なうという場面が出てきます。

「胃ろう」については、それが本人にとって「いいこと」なのかどうかが、社会的にも議論されるようになりました。その議論の中で、介護職が訴えるべきことは何か。介護職全体に突き付けられた課題と言えます。

「医療・介護連携」の基本、介護職としてわかってる？

介護と医療の連携の質が問われる時代になっています。その連携の場で、介護職に求められていることは何か。自分たちの役割をしっかり見つめましょう。

介護の「存在意義」を探せ！
病院での退院カンファレンス
ただいまー
おー、Aさんの退院カンファどうだった？
誤嚥性肺炎の再発リスクが高いので、胃ろうによる栄養管理をおこなってくださいとのことです
ふーん
わっ!! びっくりしたー
ドン！
って、それだけかーい！
Aさんの「食事が楽しみ」という意向はどーするの？ 経口復帰の道筋は!? 服薬との兼ね合いもあるよね!?
えっ…いや… そー言われても…

ポイント1　入院日数が短縮化される中、安定期に入ったばかりの患者が介護現場に移るケースが増えています。多職種による退院カンファの重要性が高まっているわけです。

ポイント2　「胃ろう＝経口摂取をあきらめる」ということではありません。胃ろうで必要な栄養確保を行ないつつ、経口復帰を目指そうという医師もたくさんいます。

Aさんはここに入所されてたんだから、ケアプランで意向ははっきりしているよね
それは…
栄養改善計画だって誤嚥防止をにらんだ口腔ケア計画だってみんな持ってったんでしょ⁉
そ…それは…
でも、肺炎で入院してから胃ろうになったわけで、Dr側の指示に従わざるをえないのかなと
胃ろう管理について細かい指示書ももらったし…
これでよろしく！
胃ろうについて
あのねー
これじゃ、病院側にお伺いたててるだけじゃない
Aさんはこれからここで生活するんだよ
もちろん、療養管理はしっかりやらないといけないけど、「生活支援」の視点からゆずれない部分もあるでしょ？
うーん
食事が何より楽しみなAさん
意欲向上が生活サイクルを整えたり…
おはよー
生活の楽しみへの関心が持続すれば認知の衰えも防げたり…
それが胃ろうオンリーでは…
やっぱり失われるものも多くなる

ポイント3　介護職による経管栄養管理が可能になりましたが、その要件として「医師からの指示書」をもとに、現場で「業務手順書」や「計画書」を作ることが必要です。

ポイント4　食は単に栄養確保の手段だけでなく、食を通じた多様な楽しみが「生活のはりあい」をうながしつつ、いろいろなことに「前向きに取り組む」意欲に結びつきます。

もちろん、経口復帰に向けた可能性は尋ねました。でも、リスクは高いって…
No!
そりゃ医師はそう言うわな
リスクが高いのは百も承知している。それでも、本人の意志を尊重して可能性を探る
それが介護の役割でしょ
ごにょごにょ
う〜んでも理想論では…
なんだって!?
介護側としてやることやるのが現実でしょ
✕ こうではなくて
医療 → 介護
計画は持っているが照らすだけ
○
医療 → ← 介護
ここですり合わせる
真のすり合わせのために必要なのは…
①胃ろうは百も承知だが、経口復帰は進めたい
介護現場なりの計画を立てる
②これを医療側に提示して、可能性を量る
③他職種の見解もまじえて検討する
もちろん、条件はある
Ⅰ 誤嚥防止の方策を具体的に示す
経口前のマッサージ
食事前後の入念な口腔ケア
口腔内刺激で少しずつ段階的に
栄養士や言語聴覚士のアドバイスで食の形状を具体的に提案

ポイント5　医療と介護がどの方向を向いて「すりあわせ」を行なうか。基本は「利用者本人の意向はどこにあるか」という点を全職種が見つめることにあります。

ポイント6　医療・看護とのカンファレンスの際は、事前に介護側で暫定的な支援計画を作り、それを提示しながら話し合いを行なうことが望ましいでしょう。

ポイント7　誤嚥リスクへの対処として、食事前に「嚥下マッサージ」「嚥下体操」を実践する事業所も増えています。歯科衛生士などから、有効なやり方を学んでおきましょう。

ポイント8　GHなどで看護師が配置されていない事業所は、連携する訪問看護等からのアドバイスを得ながら、介護側の支援計画を事前にチェックしてもらうといいでしょう。

Ⅱ
こちらのリスク管理体制と、専門職、家族の意見も提示
NSの配置とバイタルチェックの体制
家族の意向
家族をまじえたサービス担当者会議の議事録
具体的な方策を練っているという根拠が大切なのか

ポイント9　利用者の担当医師と会うのが難しい場合でも、入院先の地域医療連携室やMSWなどとの交流を深めておき、小さなことから情報交換の習慣を築きましょう。

そして、3つめ！
病院側との信頼関係が築けているかどうか
いやーDr苦手でそのあたりはどーか

そもそも入院中のAさんのもとに何回訪れた？
いやーアセスメントとるので1回だけ
なんだそりゃ…

ポイント10　次期制度改正で、医療版包括とも目される在宅医療連携拠点機能も整備されます。

院内での立ち話でもいいから、担当ナースと情報交換
医師との連携会議を包括にお願いする
日頃からの地道なネットワークづくりも欠かせないよね

まとめ

医師も看護師も、介護職と同じ専門職であることに変わりはありません。介護福祉士であれば、同じ国家資格の取得者です。地域医療連携が叫ばれている昨今は、むしろ医師・看護師が「介護職は患者の生活を見られる貴重な存在」と考えるケースも増えています。

確かに、長い間に築かれた「敷居の高さ」は、簡単に解消はできません。しかし、こちらから医療・介護のふところに飛び込み、自分たちの主張をしっかり伝えなければ何も変わらないことも事実です。自分たちの世代から「連携のあり方」を変えていくという強い意思を持ちましょう。

1-9

本人の「ありのまま」を理解することが大切

認知症ケアとは、「人間を理解する」ことでもあります。そこにたどり着く道を探りましょう

認知症は「人格」が失われる病気ではありません。たとえ、どんなに現実との折り合いがつかなくなろうとも、その人の「本質」は残されています。

つまり、人としての「本質」を理解することから認知症ケアは始まるわけです。

しかし、これは決して簡単なことではありません。理由は2つあります。

1つは、人の「本質」というのは、様々なノイズに隠されてしまいがちだからです。

例えば、本来はとても穏やかで、周囲に対する思いやりにあふれている人がいるとします。この人がある日、頭痛に悩まされたとします。それでも「穏やかな性格」が保てるでしょうか。

仮に、本人が取りつくろおうとしても、周囲から見れば、いつもより表情が暗かったり、言葉がきつくなっているかも知れません。

頭痛というノイズが、その人の本質に影を落とすわけです。

特に認知症の場合、体調の悪さを自分で認識したり、それを人に訴えることができないこともあります。

周囲にしてみれば、本人がなぜイライラしているのか、訴えがないゆえにわからないままになってしまうことも起こりうるわけです。

となれば、その人の「ありのままの姿」（本質）に影を落としているノイズに対し、専門的な視点から「気づいていく」、さらには「取り除く」という過程が必要になります。

信頼関係が築けてこそ、その人の「本質」が見えてくる

もう一つの本質理解の難しさは、それが認知症によってストレートに出てしまうことがあり、対処する側の感情を刺激してしまうことがあるからです。

例えば、認知症になる前はとても穏やかであったとしても、それは「信頼できる人々（家族や知人など）」に囲まれていたから…という場合があります。

認知症になると、周囲は知らない人ばかりで、なぜか自分の行動を妨げようとする――そうなれば、「信頼できない人に囲まれている」という意識から、攻撃性が強まることがあります。

この点を考えたとき、いかに「その人にとっての現実」に寄り添い、信頼を築いていくかが大きなポイントになります。これもまた、認知症ケアの基本と言えます。

「認知症の人」への対応力が身についている?

認知症ケアの質を上げるためには、認知症という疾病を理解・実践する力とともに、「その人そのものを理解する」ための力強い人間理解が必要です。

人間理解がすべての基本
!
昔の写真
居酒屋
介護専門学校の同期と…
久しぶりだねー
そうだね
うま〜
で、何なの?いきなり呼び出したりして…
うーんと…
実はさー勤めてた施設辞めたんだ
えっ! あの大法人の!? 給与だって、この業界には珍しく良かったでしょ…
〇〇ホーム
なんか自信なくしちゃって…介護以外の仕事につこうかなと思って…
何があったの?
認知症ケアには自信があったんだけど…
わしゃかえる
不穏状態がなかなかおさまらないご利用者が増えて…

ポイント1　平成25年度の介護労働実態調査（介護労働安定センター調べ）によれば、「直前の介護の仕事を辞めた理由」について、正規・非正規職員ともにトップは「法人や事業所の理念や運営のあり方に不満があったため」です。これは「収入が少なかったから」を上回っています。

自分の雰囲気が悪いのかなーと思って…
表情を工夫したり
話し方も意識しておだやかに…
でもダメ
おまけに…新任の管理者がご利用者にきつい言葉をガンガン投げるし…自分の苦労も水の泡…
でもさ、センター方式のシートとか積極的に取り入れてたよね
24H シート
スタッフ各自がやるだけって感じで、ケアに活かされてないんだよ
何かさー達成感がないんだよね
じゃあさ、一度うちに見学に来なよ
確か、小規模多機能（型居宅介護）だったよね
そう、3年前にオープンしたばかりで、「通い」「泊まり」「訪問」とあるから認知症ケアの流れがよくわかると思うよ
後日…
よろしくお願いします
ということで、一日見学を…
ペコ
こちらこそ…お話はうかがってます…
まず、この事業所のケアの流れを説明しますね
流れ？…
アセスメント
プラン
実践

ポイント2　認知症ケアの現場で使われることの多い「センター方式」のアセスメントですが、大切なのは「記すこと」ではなく、「記したこと」を現場のケアにどう活かすかという点にあります。

ポイント3　介護現場における認知症の人の重度化が進む中、小規模多機能型居宅介護と訪問看護をミックスさせた複合型サービスも誕生しています。ただし、あえて「複合型」にせず、現行のままで重度化対応を図る事業所も数多く見られます。

ケアに入る前に、まず重要なのはこの2点！
・BPSDの改善に集中
・正確な認知症診断
この2点を実現するために、
信頼できる認知症外来のドクターとまず提携する
このドクターに加えて、
薬剤師
居宅ケアマネ
事業所のナースと現場リーダー
のメンバーで集中カンファレンスをおこないます
ほー
初期段階で、ドクターやナースが強くかかわるんですね
激しい不穏状態の背景には…
●内部疾患による「痛み」とか
●水分栄養不足、睡眠のバランスの崩れ
●過剰な服薬とか
医療面のケアが必要なことも多いですから
なので…事業立ち上げの際は…この2名を集中的に探しました
①認知症外来で充分なキャリアのあるドクター
Dr
②認知症対応の実績がある訪問ナース
Ns
最初の医療・看護のかかわりがこんなに重要だったとは…
通り一遍のアセスメントじゃダメなんだな
だって、BPSDという殻をまとった状態では、その人の本質は見えないでしょ
確かに…24Hシートを使ってもなかなかその人の生活は見えなかった…
人間理解
でも、そこから先は「現場での人間理解」が大切です

ポイント4　国は現在、認知症に対して、地域における「早期、事前的な対応」に力を入れるべく「認知症初期集中支援チーム」の設置をめざし、モデル事業を行なっています。

ポイント5　せん妄などが激しい場合、向精神薬を適切に処方することで改善できることがあります。ただし、副作用もあるので、認知症を正しく理解した精神科医に相談することが必要です。

ポイント6　精油を使ったアロマテラピーなどを行なう場面も見られますが、認知症の人が誤って飲んでしまったりすると人体に有害な影響を及ぼす危険もあるので、十分な管理と見守りを行なうことが必要です。

ポイント7　その場では気づかないことも、ビデオや写真に場面を記録しておくと、後から見返す中で「環境がその人に与えている影響」が浮かんでくることがあります。

その後、現場へ…
あれ？何かとても癒される
川のせせらぎなど ヒーリングCD
調光
いろいろな五感への刺激
触覚の癒し
アロマ
人が本来「快適」と感じる環境をつくり、その人の根っこのプラス面（やさしさ、思慮深さ）を引き出すんです
もちろん個人差はあるので…
スタッフの頭の中で、常にPDCAを稼働し、修正を続けます
P D C A
気づきは常にメモする！
ビデオも撮る！
ササ！
私が描いた作品見て
その人が不穏に陥りそうなタイミングをよくわかってる！
すす、すご
その人を理解するまでのいろいろな仕組みが大切なんだなー
ありがとうございました

まとめ

認知症ケアは、「目の前の状況」に対処する技術だけでは、行き詰まってしまうことがあります。認知症ケアの本質は、「その人が何に苦しみ、悩んでいるのか」を理解することであり、そのためには、①認知症という病気への理解と、②人間そのものを理解するという2つの方向からの道づくりをしっかり行なうことが欠かせません。

知識の詰め込みは「頭でっかちになる」と敬遠されがちですが、プロであるならば、最低限の勉強を続けることは絶対に必要です。いろいろな書籍や勉強会にふれるという習慣を身に着け、実践への足腰を鍛えましょう。

1-10

その人の終末期こそ、介護の力が必要とされる

いずれは訪れる利用者との別れ。その瞬間に向けて、介護ができることは何でしょうか

利用者の高齢化や重篤化が進んでくると、多くの現場でターミナルケアが現実のものとなってきます。人が死期に向かって近づくとき、介護職としてできることを考えてみましょう。例えば、末期がんなどの場合、いかに緩和ケアを進めるかという視点では、医療や看護との連携がまず重視されます。

介護職としては、容態が急変したときにどうすればよいかということも真っ先に頭に浮かぶでしょう。ここでも、医療・看護の重要性が高まってきます。

一方、人生の締めくくりこそ、その人らしさが最も問われる瞬間でもあります。終末期にあたってのリビングウィル（治療・ケアに対する意思表明）がますます重視される中、本人の生活観に寄り添ってきた介護職こそ、担う役割は大きいとも言えるでしょう。

例えば、生活反応がどんどん少なくなってきたとき、家族などの近しい人でさえ「本人が今望んでいることは何か」について迷いが生じることがあります。

そんなとき、ケアをしながらわずかな反応に気づくことができれば、それを家族などに伝え

ることで、本人と家族との間に終末期ならではの絆を生むきっかけとなります。

ここに、介護職としての専門性が発揮される大きなポイントがあるわけです。

介護職が「利用者の死」と向かい合うことの意味

ただし、本人へのかかわりが強くなればなるほど、その人の死と向かい合う中で、近しい家族と同じくらいの喪失感にさいなまれてしまうことがあります。

家族に対しては、グリーフケア（身近な人を亡くした喪失感に対するケア）がよく言われますが、介護職自身も「喪失感に対してどう対処するか」を考える必要があるでしょう。

次に紹介するストーリーでは、「最期までしっかりとサポートした」という経験がスキルの向上を生み、それは、「その人が介護職の中で生き続けている」という意味を描いています。

あくまで一つの考え方に過ぎませんが、利用者の死と向かい合うという経験には大切な意味があり、それが喪失感を「成長」へと変える力になるのは間違いありません。組織全体で、「人の死と向かい合う」ことをじっくり考える機会を持ちたいものです。

ターミナルケアで忘れてはならないこと

介護現場で「看取り」を行なうケースが増え、ターミナルケアをどのように進めるかが大きな課題となっています。何をどのように学べばいいかを考えましょう。

介護のチカラが試されている!?

ターミナルケア
あれ、主任何うなってるんすか？

在宅ターミナル
ニーズ急上昇
違うよ…在宅ターミナルの話
GHも在宅のひとつだし…もっとターミナルケアを真剣に考えないと…

そうですね…

でも、うちの入居者さん認知症はあるけど、まだ皆お元気だし…

ねっ？

えっ？

こらあかん…

お元気な人ばかりということは…

逆に言えば、いっせいに高齢化し、ターミナルケアのニーズも一気に増えるということ…

そうか…今から「大丈夫」とノウハウを築かないままだと、ある時期から大変なことになるわけだ

ポイント1　平成24年度報酬改定では、GHや特定施設など居住系サービスの看取り評価が強化・新設されました。医師の医学的知見などが算定要件となっています。

ポイント2　GHの要介護度別利用者数を見ると、4・5の割合が平成18年度→24年度で10％近く増えています。GHの利用者の重篤化が深刻化している状況がわかります。

GHの
中には、
看取りに対応して
いなかったり、
訪問看護や医療との
連携にも消極的な
所があるけど…
No!
恐らく、今後の報酬改定でも、
看取り対応が
充実しているかどうかで、
GHの報酬差がさらに
つくと思うんだよね
看取り強化
看取りせず
経営もキビしくなる…
うひゃ～
訪問看護師
は?
…ということで
あのー
この地域では
訪問ナースと
訪問介護の
ヘルパーが
合同で勉強会を開いて
ますよね?
ええ、特に
在宅の看取り
などをテーマに…
次の勉強会に
ぜひうちのスタッフも
参加させて
もらえませんか?
歓迎します。
私たちも
GHのケアのことを
もっと
知り
たいし、
いろいろ
情報交換
しましょう
そして当日…
在宅の看取り
わー、参加者
多いですね
介護側
から見て
看取り
ケアで
大切な
ことは
何だと
思います
か?
末期がんの方だと、
在宅での
緩和ケアも
課題だね
やっぱり、
医療・看護との
連携かな?

ポイント3　GH協会の調査によれば、訪問看護の利用は要介護4・5でも20%前半にとどまっており、重篤化した人のケアを内部資源だけで担う状況が浮かんでいます。

ポイント4　地域における多職種連携が重要な課題になる中、医師会や看護協会、ケアマネ連絡会などによって「多職種による合同勉強会」が数多く立ちあがっています。包括などで主催する研修会も増えているので、積極的に参加しましょう。

ポイント5　緩和ケアでは、身体的な疼痛緩和だけでなく、がんと診断された直後からの精神的苦痛に対する心のケアも大きなテーマとなっています。

確かに職種連携も大切ですけど、介護職の専門性を大切にしてもらいたいんですね
専門性?
その人らしい人生のしめくくりを前にして、ご本人が大切にしてきた価値観・人生観に寄り添うことですね
でも、最後に寄り添うのは、家族や親しい人々ですよね?
お父さん!
そうですが、そこにはたくさんのサポートも必要です
近しい人々は、まだ看取りの時を受け入れられず…
ご本人の生活反応は徐々に少なくなって…
それでも…
①ご本人をケアする専門職がわずかな反応に気づく!
②その気づきをご本人の「してきた生活」と照らして
③近しい人にさり気なく伝えてみる
表情・視線
家族
握る力はお強いですね…畑仕事をされてきただけはありますね
そう言えば…亡くなった祖父が若い頃、山登りがとても好きで
亡くなる前は、好きだった山の写真をたくさん部屋に飾ったりしてました
しかし、多くの家族にそうした気づきの余裕はなかったり、ご本人に身寄りがなかったり…
そういう時は、専門職が「黒子」役になるわけですね

ポイント6　家族の場合、本人の終末期をいったん受容できたように見せても、再び葛藤が生じることがあります。家族の心の不安定さそのものを理解することが大切です。

ポイント7　生活反応が徐々に少なくなる中でも、手足をさする、唇を水でぬらすなど、様々な刺激への反応が見られることがあります。ターミナルケアに携わる際は、そうした「生活の証」である反応に気づく力を身に着けましょう。

ポイント８　厚労省の調査では、終末期の医療やケアの方針について「家族と話し合っている」という回答は、医師・看護師よりも施設介護職員のほうが高い割合を示しています。

ポイント９　親しい人との死別にともなう苦痛や環境変化などに対し、うまく受け入れられるようケアすることを「グリーフケア」といい、専門の認定資格も設けられています。

もちろん、ご本人の痛み・苦しさを緩和する医療は必要です。連携もしっかりとらないと本人は「在宅での最期」を望んでいるのに、容態急変で救急搬送されたり…
家族・他
本人
＝
介護
看護
医療
連携
いろいろな職種の専門性で、ご本人・家族の望む「こうありたい時」を支えるわけですね
でも、僕たちも人間ですから、ご本人が亡くなった時の喪失感とかも大きくて、冷静にスキルを築けるのか…
看取りの先にある「ご本人」の姿を考えたことがありますか？
看取りの先？
？
？
最期まで専門職として、しっかりサポートしたことで、介護のスキルが成長する、それはつまり…ご本人の「意思」があなた方の中に生き続けているということです
意思
「死」は別れではなく、自分たちの中で、新たな「生」として生き続けている…
それが介護のチカラと思いますよ

まとめ

その人の人生の締めくくりにおいて、介護職ができる支援はたくさんあります。しかしながら、「人の死」にふれる機会の少ない若い世代にとっては、時として混乱と不安に振り回され、無力感だけが残ってしまうことが少なくありません。

大切なのは、日常的に死生観を考える習慣です。例えば、お盆で故人のお墓参りなどをした際、その人の思い出を親などに聞いてみましょう。遺された人々の中に「今も生き続けている」何か（大切にしている習慣や心得など）が見つかるかも。それを実感することが、終末期のケアの下支えとなるはずです。

1-11

意外なリスクを早期察知することもプロの役割

家族の介護負担が強まる中、「見えない」部分でのリスクに目をこらす必要があります

療養病床が削減され、特養ホームにもなかなか入れない状況が続く中、在宅における家族の介護負担は少しずつ高まっています。

また、核家族化によって身近な介護者も限られ、高齢者夫婦世帯のように介護者自身が高齢化している傾向も進んでいます。

そういう中では、介護する家族側にどのようなリスクがあるかを見極めることも重要です。次ページのストーリーにもあるように、一見、「いい介護」がなされているように見えても、その水面下には「見えないリスク」が少しずつ蓄積していることもあります。それが限界点を超えたとき、介護者側が倒れてしまったり、ネグレクトなどの虐待が生じる危険もあります。

そうならないために、常に水面下に目をこらしながら、将来的に訪れるかもしれないリスクを察知しておく――これもプロならではの役割と言えます。

では、どんな点に着目していけばいいのでしょうか。

ポイントは2つあります。

1つは、本人と家族をめぐる状況を客観的に見ること。

もう1つは、利用者の何気ない日々の変化に気づくことです。

ちょっとした要素を「面」で見ていくと気づくことが…

前者の場合、家族関係や地域との関係、世帯の経済状況など、様々な要素を組み合わせる中で、「将来的にどのようなリスクが考えられるか」を浮かび上がらせます。

一つひとつの要素を点で見ているとなかなか気づかないことでも、全体を面でとらえる中で、見えてくることもあります。いわば、鳥が空から全体を眺めるような感覚と言えます。

サービス担当者会議などで利用者宅に出向いた場合は、家の中の様々な状況（汚れ具合や匂いなど）にも敏感になり、要素の一つとして加えていくようにしましょう。

また、何らかのリスクが「顔をのぞかせつつある」という場合、利用者に微妙な変化が生じるものです。そこで、後者の気づきが重要になります。

例えば、デイサービスに訪れる利用者の衣服が、少しずつ乱れたり汚れたりし始めたとして、家族側が「そこまで気を遣えない」という状況に陥っている可能性を見ることができます。

「利用者家族のケア」をどのように進めるか?

家族の介護負担は、それがどれだけ重いかについて、ぎりぎりまで表に出てこないことがあります。リスクの早期発見のための感度が、支援職に問われます。

本当のリスクは水面下にあり!?
今日は、初のサービス担当者会議参加だ
MSW
ケアマネ
今日は、ご苦労様です。皆さん、ラクにして…
ヘルパー
福祉用具担当
カー参加者多い!
新しくレンタルされたベッドの使い勝手はいかがですか?
とてもいいですよ
これ、毎日の体温と血圧、水分補給、トイレ回数の記録です
ありがとうございます。拝見します
すごいなー毎日つけているのか
新人
できたら、奥様の寝室のベッドと垂直バーを見せていただきたいのですが
どうぞ

ポイント1　利用者が一人暮らしなどの場合、ケアマネが利用者の隣に寄り添うことで、本人の「気兼ね」を和らげることも。座る位置の重要性も頭に入れましょう。

ポイント2　福祉用具貸与事業者による、サービス提供計画の作成や利用者へのモニタリング(評価)が強化され、福祉用具相談員のスキルも急速に高まっています。

ベッドからの立ち座りがまだ不安定なので、私が介助してます
何、きょろきょろしてるのかな?
私は退職しましたが、今は妻の介護が仕事ですよ
家でもリハビリさせないと
いやー奥様思いの素晴らしい旦那様ですね
ちょっと感動
ピタ!
思ったのはそれだけ?
えっ?あの…
でも、ケアマネジャーさんも『いい介護されてますねー奥様、幸せ!』って言ってたし…
そりゃ、一所懸命な本人にはまずそう言うよ
否定しちゃダメでしょ!
事業所に戻り…
まずさー客観的に考えてみようよ
夫のAさんは奥様が脳こうそくで倒れて、介護に専念するため定年前に早期退職されてる…
近くに頼れる親族はいない。Aさんは仕事一筋の人で、地域交流も少ない。
退職届
会社
地域
Aさん
一人息子さんは、都心でフリーター、ほとんど帰省せず…か

ポイント3　厚労省の調査では、同居している「主な介護者」の年齢が「65歳以上」という割合は5割を超えています。いわゆる老老介護の傾向が強まっているわけです。

ポイント4　家族介護者に対して、「頑張りましょう」というプレッシャーのかかる言葉や「もっとこうしたほうがいい」という威圧的なアドバイスはタブーと心得たいものです。

ポイント5　総務省の調査によれば、家族の介護や看護を理由に離職した人の数は、介護休業制度などが整備されている現在でも年間10万人以上に達しています。

1-11

そんな中で独力による完璧とも言える介護…どう思う？
そう言えば、1回もショートとか使ってないっすね
家でのリハビリもがんばってするというし…
それとさあ…気づかなかったかなぁ？家の中の様子
私たちが通された居間
ベッド回り
トイレ
玄関
ご本人の動線以外はほとんど掃除されていない
特に2階と台所、流しは汚れた食器でいっぱい…2階の雨戸は閉めっぱなし
そー言えば…だからキョロキョロしてたのか…
見るとはなしにだけど…
流し台にあるのはコンビニの容器ばかり…
炊飯器を使った形跡はなし…
配食サービスは利用されてるけど、1日1回昼食のみか
あとB子さんは週3回のデイで昼食
あのあたり、スーパーが撤退して、コンビニばかりだし…
No!
ケアマネジャーは配食回数を増やすよう提案してるけど…
Aさんがあとは自炊するからって辞退されてましたね
どう？いろいろとギリギリのリスクが見えてくるでしょ

ポイント6　家屋内の整理整頓の状況は、「家族の負担がどれだけ高まっているか」を知るうえでポイントの一つです。家族の「している生活」にきちんと目を向けましょう。

ポイント7　高齢者のみの世帯における、「食」をどのように整えていくかは、生活支援における重要な課題です。配食だけでなく、食材の宅配サービスなどの資源にも注目を。

ポイント8　利用者宅に出向いた際、「家族の気兼ね」に配慮しつつ、どの部分をどうチェックするかが問われます。日頃からチェックポイントを整理しておきましょう。

ポイント9　ネグレクト（介護放棄）の兆候として、要介護者の服装以外にも、郵便物が整理されていない、様々な届け出関係がなされていないなどもポイントとなります。

でも、そこまでよくチェックしましたねー
あのねー…
あの場にいたメンバーが、それぞれの立場からアンテナ張ってたんだよ
なごやかに会話してる感じだったのに!?
え!?
皆、支援のプロなんだから当然でしょ?
五感をフルに発揮
それより、これから自分たちがするべきことは?
う〜ん
デイの事業者としては、B子さんの栄養状態の確認かな?
バイタル
体重
夫のAさんの「燃え尽き」も事前に察知しないと
B子さんの衣服の様子
記録の放棄
B子さんの状態改善が思ったように進まないと『燃え尽き』が一気に来ることもある
他職種との日々の情報交換も大切ですね

まとめ

在宅介護は、「いつまで続くかわからない」こと、そして「どんなに献身的な介護をしても、重度化が進むこともある」ことが特徴です。介護を担っている家族にとっては、周囲が考える以上に精神的・身体的な負担が大きくなっていきます。

それをどうやって見守るかは、介護職にとって重要なスキルの一つ。家族介護の限界点に対し、「今はどのレベルにあるのか」を様々なポイントから読み取り、いざという時の支援体制を頭に入れなければなりません。支援職一人の気づきには限界があることを考えれば、多職種による密な情報交換も必要です。

「大切なこと」本当に伝わっている?

第2章

介護現場のしごとの流れ【マネジメント編！】

2-1

「ケアの流れ」を理解できているか？

現場を変えるには、どこから手をつける？

厳しい介護現場の現状――改革を進めるうえで、まず必要なことは何でしょうか？

10年ひと昔と言いますが、介護現場をめぐる状況もここ10年で大きく様変わりしています。介護保険のスタート直後から運営しているという事業者や施設であれば、「昔はうまくいっていたのに…」と思わず首を傾げるような変化に直面しているかもしれません。

最も大きな変化と言えば、やはり利用者の重度化でしょう。人口そのものの高齢化もさることながら、病院の入院期間や医療保険でのリハビリ期間が短縮されたりする中で、介護現場で「療養・リハビリニーズ」を支える傾向も強まっています。当然、事故等に結びつく様々なリスクも高まるわけで、現場職員の負担なども水面下で急速に膨らんでいるのが実情です。

昔に比べて、現場を動かすためのマネジメントも進化してはいますが、それが実態に追い付かないケースも考えられるわけです。

そうした中では、「ケアの流れ」というものを根本から見直し、それを動かすための仕組みもしっかりと整えていくことが求められています。

理念と現場をつなぐ「線」が見えてこないケース

例えば、すべての介護事業者は、組織や運営上の「理念」というものを掲げています。利用者の人権尊重や自立支援など、言葉自体は立派なものですが、それが現場のケアにきちんと反映されているかというと、理念と現場をつなぐ「線」が見えてこないケースもあります。現場に「理念を自分たちの業務に活かす」という意識が薄いと、何事も「受け身」の姿勢が強くなります。結果、組織の上から与えられた指示をそのまま実行するだけ――そんな風潮も強まります。

これでは、自分たちの頭で考え、ケアの流れを作っていくという風土が育ちません。それゆえに、現場の様々な変化に追い付けず、事故リスクなども高まります。

現場は委縮《いしゅく》してしまい、ルーティンワークだけがはびこって、ますます自分たちの頭で考えなくなる――まさに悪循環に陥ってしまうわけです。

では、この悪循環をどこで断ち切ればいいのでしょうか。まさにその「使命」を与えられた人のストーリーをまず紹介したいと思います。

「ケアの流れ」を理解できているか？

介護現場の中には、まさに「五里霧中」ともいうべき状況も見られます。どこからどのように改革していけばいいのか。まずはスタートラインを固めましょう。

ビックリ現場
どこから改革？
思考停止
いきあたりばったり
ただいまー
あ、お帰りなさい
パパー
え！転職する!?
うん
いや、まだ確定じゃないんだけど…統括管理者として現場の改革を任せたいという法人の誘いがあるんだ
で…どうするつもり？
今の職場には愛着はあるけど…そろそろ現場全体を見すえる仕事もしたいし…
提示されるお給料は今までより、ずっといいけど…
ママしんけん…
とりあえず…
とりあえず、明日の休みに向こうの現場を見てくるよ
コト

ポイント1　介護労働実態調査によれば、現在の法人に就職した理由について、「賃金水準」よりも「働きがいがある」「やりたい仕事内容だった」が４倍以上高い割合にあります。

ポイント2　現場全体を見すえることのできる人材を、組織の中に位置づけられるかどうか。これが現在の介護現場では、最も重要なマネジメントの一つです。

大丈夫かな…
こんにちは
おお、お待ちしてました
重篤な人や、周辺症状の激しい人が増える中、現場の事故は増えるし…もう大変で
はぁ…
ま、とにかく現場を見てください
はい
バタ
フラフラ
バタバタ
現場スタッフが誰も利用者と向き合ってない！
空気の流れも悪い…
あのー、現場の人と話してもいいですか？
どーぞどーぞ
あ、あのー
は、はい何でしょう？
え？アセスメント？
モニタリング？
アセスメントって言っても…
居宅のケアマネから受け取ったものに
現場の看護師やPTが加筆するだけで…
僕らはそれをチェックするだけかな？
じ、じゃあ、現場の介護計画はどうやって作ってるの？
ひえ〜〜

ポイント3　現場の緊張度が高まっていると、職員が目先の作業に手一杯となり、「利用者との関係づくり」ができなくなります。それが空気の流れを悪くする原因といえます。

ポイント4　初期アセスメントは、多職種による多様な視点で行なうのが原則です。看護師やリハ職任せになると、介護職員の専門性を活かすことができません。

どうしてたっけ？
看護師長が作って、私らはそれに従うだけだよね
ハイ！じゃこれで
あまり役に立ってなかったなぁ…
どうでしたか？現場の印象は？
あ…いやえーと
これは思った以上にヤバイぞ
その夜…
で、どうするの？
現場に「ケアの流れ」ができていないんだよ…
だから大変…
ケアの流れ？
つまり、こういうこと
〈現場のケアの流れ〉
初期のアセスメント
ケアプラン
フィードバック
PDCAサイクル
（計画）
（実行）
（評価）
（改善）
P
D
C
A
現場で動かして評価
現場視点でアセスメント補充
ケアプランと照合
介護計画の作成
他職種チームで行なう
ところが…現場に「評価」や「改善」の視点がない。与えられたものを、ただ「実行」しているだけ
やればいいんでしょ
う〜ん

ポイント5　利用者との距離感が最も近いのは、現場の介護職員です。その職員が初期段階から参加することで、ケアマネや看護師だけでは気づかない「生活の姿」を評価することができます。

ポイント6　現場のケアの中から「気づいたこと」を反映させていくのが介護計画であり、トップダウンだけで進めると、現場の実情とどんどんかけ離れていく危険が生じます。

ポイント7　PDCAサイクルについては、2-8（P129）を参照してください。

ポイント８　介護労働実態調査によれば、離職者のうち７割以上が入職３年未満となっています。「ようやく仕事を覚えた」という人材が定着しないという問題が浮かんでいます。

ポイント９　外部から招へいされた管理職が、それまでの風土に安住している人々の反発を買い、孤立してしまうケースが見られます。現場の「声なき声」に耳を傾けつつ、いわゆる同志を募（つの）っていくという地道な努力が求められます。

これでは、介護職のモチベーションは上がらないし…
退職願
現場を見る力も養われないから事故も増える
でも、根本から改革するには、今までの指示系統も崩さないといけない
当然、ベテラン組の反発は起こるわよねー
なんか孤独な戦いになりそうだなー
給与はいいけど、うつ病になったりして
!
でも、現場の介護職の中にも「これじゃいけない」って考えてる人もいるんじゃない？上のほうの人にだって理解者がいるわよ
それはそうだろーね
そういう人たちを有志で募《つの》ってまず研修会を開いたら
そうか…!現場から底上げを図って仲間をつくるのか
スタートは
そこからだー!
法人トップにもかけあってみよう
がんばれパパ!

まとめ

どこから着手すればいいかわからない――そうした状況に一番戸惑っているのは、実は現場の職員です。大切なのは、この「もやもやした空気」をはっきりした問題意識へとつなげることです。「どこに問題があるのか」が明らかになれば、解決のための道筋を拓いていくことも可能です。

とはいえ、現場は常に慌ただしく、職員一人の力で道を拓くことは容易ではありません。「どこに問題があるのか」を示しつつ、皆を導く役割が必要です。それを担うのが、管理者です。個別の技能指導なども大切ですが、もっと重要な役割を意識しましょう。

2-2

利用者の「課題」がきちんと分析できている？

アセスメントを進めるうえで大切なポイントをつかもう

その人が「しよう」としている生活を見つめれば、真の「困りごと」が見えてきます

その人にとっての最適なケアを探っていくうえでは、その人が今「何に困っているのか」という課題を分析することが欠かせません。いわばアセスメントです。

ここで注意したいのは、利用者の生活の一部分だけを切り取って、アセスメントとしてしまうことです。

例えば、利用者の自宅などに伺って、聞き取りを行なったり、ＡＤＬ（日常生活動作）の状態などをその場で確認するとします。これは、ある瞬間の「状況」に過ぎません。

利用者の生活は常に動いています。環境が変われば、「している動作」も変わってくることがあり、そうなると「ある一点」だけを取り出すだけでは意味がありません。

とは言っても、初期アセスメントをとるのも、ケアプランを作成するのもケアマネジャーの役割だから……と考えたりしていませんか？

確かに、全体的なケアの方針を示したケアプランは、ケアマネジャーが作成します。しかし、個々のサービス提供計画は、現場の介護職が手掛けるケースもあるはずです。

サービス提供現場で新たな課題が発生することもある！

ここで頭に入れたいのは、現場で利用者と実際に接する中で、その人にとっての課題が少しずつ変わってくることもあるという点です。

例えば、当初のアセスメントでは「家でしていた」ことが、通所に来るとたんに「しなくなる」こともあります。（もちろん、逆もあります）

つまり、家とは違う環境に置かれる中で、生活の状況が変化するわけです。

慣れない人間関係の中で、「緊張度」が増すなどの心理状況が影響することもあるでしょう。家とは違う動線になることで、生活動作そのものが変わってくることもあります。

となれば、現場でサービスを提供する中で再度のアセスメントをとりつつ、そこに「新たな課題」が生じていないかを分析する必要があります。

この調整が不十分だと、当初のケアプランが「絵に描いた餅」になりかねないからです。

では、サービス提供現場において、その人のどんな生活に着目していけばいいのか。そのあたりを次ページのストーリーから学んでみましょう。

利用者の「課題」がきちんと分析できている？

介護現場で最も重要な業務の一つにアセスメントがあります。いつ・どのような課題をピックアップすればいいのか、基本に立ち返って考えましょう。

その人の「困りごと」をキャッチせよ！
新規利用者のカンファにて
今日のサ担会議から報告します
では、明後日から利用されるA子さんについて…
フェイスシートに
初期アセスメント、そして、これがケアプラン
短期目標がこうだから…当面、こういう支援方針で…
10日ほど現場でご本人の様子を見て…
現場のケア
記録
アセスメントのプランとの照合
モニタリング
ケアの実践に際しての注意点は…手すりを使っての自立歩行はできますが、手すりを握る力が衰えているので…見守りを集中的に
おっと
ということで質問は？
………
なければ次のケース…

ポイント1　介護現場には、居宅ケアマネなどから様々な情報がもたらされます。ただし、事前情報だけで過剰な先入観に縛られたりしないことが大切です。

ポイント2　10日というのは、あくまで目安にすぎません。人によっては「サービス利用の環境」になれるまで時間を要することがあります。ケースバイケースで取り組みましょう。

カンファ終了後…
あのー
さっきのケースに限ったことではないのですが…
ちょっとききたい事が…
え？アセスメントのこと？
Aさんの場合はまだわかりませが…サービス利用者が始まったばかりのご利用者の中には…
あれっ、できてない…
状態が不安定な時も…
つまり、正確な状態把握のタイミングが難しいということかな？
そうなんです。記録内容も日時によってバラバラだし
そりゃ人間なんだから状態像は刻々と変化するよ…
例えば、閉じこもり気味だった人が、いきなり通所に来れば知らない人ばかりで最初は緊張する
手先が器用だから通所で折り紙細工を…としたプランなのにうまくいかないとか
ポイ！
昔みたいには折れないわ
といって…ケアマネのアセスメントやプランが否定されるわけじゃない…
えー
大切なのはなんのためのアセスメントかということ
何のため？
アセスメント…つまり課題分析は利用者が何に困っているかを探ることでしょ？
はあ…
……

ポイント3　ある一瞬だけで取り上げて、その人のことを「理解した」気になっていないでしょうか。例えば、昼と夜で人の心理がまったく変わることもあります。

ポイント4　初めて通所を利用するといった人の場合、最初はなじみの職員がマンツーマンで寄り添い、少しずつ周囲の人間関係に慣れてもらうという方法も考えたいものです。

ポイント5　アセスメントにしても、モニタリングにしても、常に「それは利用者のためである」という意識を失わないことが大切です。

「困りごと」っていうのは、自らすすんで「何かをしよう」としている時に生じるものでしょ？
トイレ行きたい→でも自力で歩けない
WC
食事したい→でも嚥下不安
でも、家で「しよう」としていることと、通所で「しよう」としていることは微妙に違うよね
はい…
じゃあ、本人が「自らすすんで何かをしようとしている」場面を、まずしっかり見ないと
よっこらしょ
すすんで何かをしようとしている
本人が望む生活の姿
ここがスムーズに移行できないなら、そこに「困りごと」があるはず
「しようとしている」タイミング例
自力で起き上がろうとしている？
ベッド柵をつかむ
口腔内をすっきりさせようとしている？
口の中をモゴモゴさせている
ケアマネの作るケアプランだってひも解けば、こういう流れが見えるはず
例えば、このケースで言うなら…
「自力で起き上がろう」という意志が見える動作
他にも、「寝返りをひんぱんにうつ」「ベッド柵を指さして何かしら訴える」など、いろいろある
こうしたちょっとした生活の兆しをチェックする
そこにアセスメントのタイミングがあるわけですね

ポイント6　人が行動を起こす瞬間は、実は事故が起こりやすいタイミングでもあります。「進んで何かをしようとする」状況に注意を払うことは、生活の質を高めるだけでなく、事故を防ぐうえでも重要なポイントです。

ポイント7　その人なりの「生活の兆し」は、同居している家族などからも情報を得ることができます。例えば、「ご本人がトイレに立とうとする兆しがおわかりになりますか」などという具合にヒアリングしてみましょう。

そうか…私たちは状態像をつかむのに必死になっていたけれど…
ご本人の気持ちに寄り添うという基本を忘れちゃダメですね
でも、「生活の兆し」をうまくつかめるようにするには、どうすればいいですかね？
じ〜
「生活の兆し」をキャッチする「洞察力」を身に着けるには例えば、こんな方法があるよ！
はあ…
Ⅰ 写真や映像から浮かぶ「生活」を探す訓練
映像記録を見返して、気づいたことをメモする
Ⅱ その人の24Hの行動を記すシートを活用する
時間軸
居室
リビング
トイレ
AM7:00
PM8:00
その人の動きを線で
その人の行動を「線」と「面」でつかむことにより、生活の全体が見えてくる
その人の「関心を持つ力」が高まれば、アセスメント能力も自然に向上するはずだよ
はい！

ポイント８　記録した映像や写真はPCファイルに保管しておき、時間や場所、状況などで検索できるようにしておくと確認しやすくなります。

ポイント９　24時間シートについては、あまり細かく書き込むと作業が大変になるので、先の写真や映像と照らし合わせて確認できるようにしておくといいでしょう。

まとめ

どんなに生活意欲が衰えた人でも、心は常に働いています。それが、ふとしたきっかけで「生活の兆し」となって現れることがあります。その瞬間を逃さないことが、アセスメントの第一歩。その「兆し」は極めて些細なことかもしれません。どんなに「小さな兆し」であったとしても、それをキャッチできるかどうかが介護職の大切な技能となります。

小さな兆しに気づくには、その人の気持ちになって、「どういう時に変化が生じるのか」を想像する力が必要です。最初は、写真や画像などの記録を頼りに、振り返りの中で気づく力を高めましょう。

2-3

「利用者情報」の共有がうまくできているか？

「大切なこと」はきちんと現場でやりとりを！

サービス提供時に気遣うべきことは多々あります。その情報の共有は、仕事の基本の一つです

サービス担当者会議に出席するのは管理者、実際にサービスを提供するのは現場の介護職。では、両者の情報共有はどうなっているのか——介護現場でたびたび課題となる点です。

通所系サービス等では、管理者とサービス提供者がたびたび顔を合わせる機会もあるでしょう。そこで、サービス提供時の心得などが直に伝えられることと思います。

ところが、例えば訪問介護の場合、現場のヘルパーが最初から直行直帰、管理者（サービス提供責任者）による同行訪問も行なわれないなどといった光景が見られます。

そうなると、情報共有は電話であったり、メール・FAXという手段が使われることになります。ただし、次ページのストーリーにもあるように、利用者の個人情報を管理するという点から、「メールやFAXは控える」というケースもあるようです。

唯一の共有手段が電話になると、必ず出てくるのが「言った、言わない」というレベルでの情報伝達の「漏れ」です。

動作介助などを行なう場合、利用者の「協力意識」がサービスの流れを大きく左右すること

があります。

「協力意識」が生まれるかどうかは、ちょっとした声かけの仕方で変わるもの。その点を考えたとき、細かい情報共有が大きなカギとなったりします。

場当たり的なコスト意識は、大きな危機につながる

このあたりを改善していくためには、事業所全体の意識の底上げが欠かせません。

訪問介護の場合、「面談による情報共有」を行なったうえで「サービス提供責任者と現場へルパーの同行訪問」という流れが本来的には欠かせません。

しかし、サービス提供責任者とヘルパーが面談する時間や、初回以外の同行訪問となると介護報酬は「本体に組み込まれている」という解釈になります。

特定事業所加算をとる場合、先の流れは当然必要になるわけですが、事業所側に場当たり的なコスト意識が高いと、情報共有はどうしても「おざなり」になってしまいます。

こういう体質を変えるのは並大抵ではありません。

しかし、在宅の利用者が重篤化する中で、何かあれば困るのは事業所。そのあたりの危機感を少しずつ高めていくことが求められます。

「利用者情報」の共有がうまくできているか？

初めて会う利用者に対し、適切なケアのための情報は万全でしょうか。特に、単独訪問が多いホームヘルパーなどは、事前情報の共有をしっかり行ないましょう。

情報
「大切なこと」本当に伝わっている？
初の訪問前日…
じゃあ、Aさんの身体介助の注意点はそういうことで、時間に遅れないように
あ、はい
ふ～
どしたの？ため息ついて
あ、お姉ちゃん。明日、初めてのお宅訪問なんだけど…
え？情報伝達が電話だけ？
個人情報が絡むからメールもFAXもNGなんだって
へ～
実際漏れたことがあるとか
初日の管理者による同行訪問もないって？
おまけに事業所での面談打合せもないし
私みたいな一般の営業職では考えられないね
その分の時給出ないから…

ポイント1　事業所サイドでセキュリティ管理をどんなに行なっても、ヘルパー側のプライベートな環境まで管理しきれないと情報漏えいにつながることがあります。やはり必要なのは、直接面談での情報共有です。事業所側の意識が問われます。

翌日…
まあ、介助時の注意点だけ聞いたから何とかなるか
こんにちはー
初めまして、○○ケアのヘルパーです
ようこそ、主人は奥です
こんにちは、ヘルパーの○川△子と申します。よろしくお願いします
あなた、新しいヘルパーさんですよ
えーと、トイレ介助の後に清拭だったな…
じゃ、○○さん、まずトイレに行ってスッキリしましょう
いやじゃ！人の手は借りとうないし、今は行きたくない
うわ、拒否された！こういう場合、どうしたらいいんだっけ
ヘルパー教科書
手引
あの、ちょっといい
はい？
うちのお父さん、すごくプライドが高くて基本的に私の言うことしか聞かないんですよ
うひゃ初耳～!
うちでやった会議（サービス担当者会議）の時も伝えといたんだけど…
あ、ヘルパーはプロですからそういうケースも対処できますって…
ゲ!!

ポイント２　どんな職種でもそうですが、初訪問における初対面のマナーが、利用者との信頼関係を大きく左右します。あいさつや名刺交換などの接遇に気を配りましょう。

ポイント３　どのような形のあいさつがいいのか、座る位置はどこが望ましいか。そのあたりも利用者世帯の状況を加味したうえで、事業所内で取り決めておきましょう。

ポイント４　サービス担当者会議には、実際に訪問するヘルパーも出席する習慣をつけておくと、初対面における利用者側の緊張をほぐすことにもつながります。

2-3

そ、それじゃ、奥様が声かけと付き添いをしていただいて、私が介助するということで…
ちょっとちょっとぉ
わかりました、それがいいわね
その後も…
そこ、カーペットめくれてるから気をつけて
こんな訴えも…
（清拭の）タオルがぬるい！
終了後…
もー、大切な情報、全然伝えてないじゃない！
今日は事業所に乗り込んでやる
あ、そう？言ってなかったっけ？でも、それくらいは臨機応変にやってよ
なんですとー
という訳
…
ヘルパー仲間の集まり
そりゃ、うちとずいぶん違うな
うちは特定加算とってるから…
事前情報は必ず文書でという決まりよ。個人情報保護の契約書を書かされたり、研修で情報保護の重要性を叩き込まれたりしてる
①情報提供の際はヘルパーとサ責が面談
②サービス提供計画書は、もちろん、初期アセスケアプランも含めて、情報提供
③初回訪問時の同行も基本行なう
ケアマネジメント
ドキドキ

ポイント5　カーペットの端や敷居など、気づきにくい段差ほど転倒事故につながりやすいバリアです。サ責との同行訪問で、家屋状況なども丹念にチェックしたいものです。

ポイント6　特定事業所加算をとるためには、特に情報共有・管理の体制をしっかり築くことが求められます。就業先を選ぶ際にもチェックしたいポイントの一つです。

ポイント7　サ責との初回同行訪問は、介護報酬上の初回加算（200単位）をとるうえでも必須の要件となります。

ポイント８　手すりにタオルがかかっている、動線上に物が置いてある（家電のコードなど）など、介助に支障があるケースなどは、事前に家族にお願いして改善をうながしていくことも必要です。

ポイント９　複数のヘルパー間での連絡ノートがありますが、目にする利用者の「気兼ね」を考えた場合、直接的なやりとりやネットを使った情報共有の手段も考えておきたいものです。

まとめ

いかに情報共有を進めるかについては、事業所全体の仕組みにかかわるため、ヘルパー一人の力では「どうにもならない」と思われがちです。しかし、利用者の生活の質にかかわることですから、プロとして「仕方ない」ではすまされません。

ある程度ベテランの地位にあるなら、サービス提供責任者とかけあい、せめて初回の同行訪問を実現させ、事前情報の漏れをなくす努力から始めましょう。面談による打ち合わせとなると、ヘルパーの交通費の問題が壁となりますが、できる限りの交渉を通じて事業所の意識改革をあきらめないことが大切です。

2-4

利用者本位の「介護計画」が作成できているか？

誰のための計画なのか、に立ち戻ろう！

現場で作成する「介護計画」で大切なことは何か。支援の手順書にとどまっていませんか？

介護保険サービスにおいては、ケアマネジャーによるケアプランが作られます。と同時に、サービス提供現場でも様々な計画の作成が求められています。

例えば、「訪問介護計画」や「通所介護計画」などを挙げることができます。

これらの計画は、ケアプランに設定された長期・短期目標に対し、それを現場でどうやって達成するかという道しるべにあたるものです。

ここで注意しなければならないのは、「目標達成」という点にこだわる中で、介護職など「支援する立場」のための仕様書になってしまう点です。

ケアプランもそうですが、「それは誰のためなのか」を考えたとき、利用者側のためのものであるというのが大原則です。

周囲は「利用者の自立」を支援するわけですが、最終的に自立を進めることができるかどうかは、本人の意思にゆだねられています。

例えば、リハビリにしても、生活環境を整えることにしても、本人にとって「なぜそれをしなければならないか」という点に落とし込めなければ、支援の意味がなくなります。

利用者にとって「自分のため」という実感が持てる計画を

この点を考えたとき、利用者が介護計画を目にしたとき、「ああ、これは自分のための計画なのだ」と納得できるかどうかが大きなポイントになります。

問題なのは、出来上がったケアプランや、各専門職からの情報だけに気をとられてしまうと、利用者の思いはどこにあるかがすぐに抜け落ちてしまうことです。

そこで大切になるのは、以下の２点です。

１つは、ケアマネジャーがケアプランを作る際に、利用者とどのように向き合ってきたかという「流れ」に立ち戻ること。

もう1つは、現場で実際に利用者と接しつつ、「利用者の思い」がどこにあるかに思いを至らせることです。

時には、介護サービスを受けること自体が、利用者の心理に影響を与えていることもあります。環境変化が、利用者の「目標に向けた思い」を変化させることもあるわけです。

そうした部分にもしっかり目を向けながら、利用者主体の計画に取り組むことが必要です。

利用者本位の「介護計画」が作成できているか?

入職間もない職員にとって、大きな関門となるのが「介護計画」の作成です。何をどのように書けばいいのか。利用者の目線に立った思考がポイントです。

計画って…
誰のため?
何のため?
介護計画
…というわけで、来週から利用されるAさんについて…
NSからのアセスメント
ケアプラン…
暫定でいいから介護計画作っておいてね
ぼ、僕らが!?
そろそろ君たち自身で作ってみてよ
じゃ、よろしく~
うーん
入職一年目
介護計画ってケアプランの長期・短期目標を達成するものだよね
…基本はそうだよね
介護計画
じゃあ、とりあえず短期目標とサービス内容を具体的に掘り下げればいいじゃん
うんうん

ポイント1　利用者の状態像は常に変化したり、まだ表に出てこない意向があったりするもの。その点を考えたとき「暫定→修正」の流れを常に作っていくことが必要です。

ポイント2　個別援助計画には、口腔機能向上や栄養状態の向上を目的としたものなど、様々なものがあります。計画作成が加算要件になっているケースもあります。

ポイント３　ケアプランに「（目標達成に向けた）期間」が示されています。それが現実的な設定なのかどうか、現場レベルでも検証し変更の必要があればケアマネに伝えましょう。

ポイント４　四肢に痛みなどがある場合、その状態は日々変わることもあります。どのように確認すればいいかについて、事前に看護師やリハ職からアドバイスを受けましょう。

えーと、短期目標は「できるだけ、自分の力で立ち上がりができるようになる」…か
期間は３ヶ月……と
通所でのサービス内容は①車いすからの立ち上がりを介助②自分でできる部分は危険のないよう見守り…と
で…ナースからのアセスメント情報は…
はい！よろしく
上段のココを注意
注意すべき点を整理すると…
上腕部の痛みを確認
耳元でしっかりと声をかける
見守りを行なう
あとは立ち上がり介助の手順にこの注意点を加えていけばＯＫ
長期・短期目標をケアプランから転記する
それでこうと…
やった〜
できた〜！
楽勝ー！
ちょっと待ったー！
えっ！
ピタ
これじゃケアプランの取扱説明書じゃない
あ、主任…
取説!?
介護計画だってケアプランと同じ…「ご利用者のため」のものでしょ
そうか、「取説」だと職員のためのものになっちゃうよね

介護計画を作る際にわすれてならないのは、以下の3点
Ⅰ ケアプランが作られている「考え方の流れ」をひも解くこと
利用者の意向
課題の分析
プラン
どうして、このプランが…
Ⅱ 現場で利用者の生活をきちんと見ること
本当にプラン通り？
Ⅲ 利用者が「自分の計画」と実感できること
確かにわしの計画じゃ
うーん
まずⅠですけど、なんで必要なんですか？
ケアマネ
ケアプランのチェック？
それはだねー
初回プランの場合、サービスを導入する前のものでしょ？サービス開始後は…
サービス提供が本人に与える影響
担当者、他の利用者との人間関係
…となれば
本人のしている生活
目指そうとしている姿
A
B
C
新しい要素
一度、ケアプランが想定している課題を分析してみると、新たな要素の位置づけがよくわかる
おーわかりやすい！
そうか…生活に影響する新しい要素が加わるわけですね
Yes!

ポイント5　ケアマネが「どのような過程でそのプランを作ったのか」を知るのは、大切なことです。ケアマネに対し、現場視点から率直に疑問を伝えられる関係を築きましょう。

ポイント6　介護現場において「利用者に影響を与える新たな要素」にはどんなものがあるか。利用者宅を訪問し、環境の比較をする中で気づくこともあります。

ポイント7　「うまく食べられない」とか「失敗してしまう」という状況は、本人を消極的にさせることも。本人の気兼ねをいかに取り除くかを考えるのも、介護職の役割です。

ポイント8　利用者に「自分ができることは何か」を意識してもらうことは、自立支援を進めるうえで欠かせないポイントです。介護計画はまずここからスタートしましょう。

例えば、…食事のシーンでも家のテーブルと、通所のテーブルの高さが違ったとする…
何か、食べにくい…
ボロ…
こういう部分を見逃すと食事量が減ったりする
だから、…Ⅱのここでの「している生活」をきちんと見ることも必要なんですね
おー わかってきたね
だからリーダーは「暫定」と言ったのか。ご本人の生活を見てから修正することを前提に…
そういう意味をきちんと説明しないほうも問題あるな
う〜ん
では、Ⅲを実現するにはどうすればいいですかね
ご本人の言葉を再現すると…
うーん、もっと根っこのことを考えないと
うまく着替えができない
うん、ここをがんばればいいのか!
お!
介護計画できた??
こういう具合に、ご本人の実感に沿った内容かどうかをチェックしよう
職員のための計画になっているか常に見直さないといけないな
ちゃんと教えなきゃダメだろ?!
リーダーが怒られるシーンもきちんと見ておこう

まとめ

仮に、自分が利用者になったと想像してみましょう。「介助の際の注意点」だけが記された計画を見たとき、まるで自分が「機械になった」ような気分にならないでしょうか。

人間であるからには、自分がどのようにかかわるかという主体性は欠かせません。つまり、「自分がそこでどのように参加していくのか」という意思が反映されていてこそ、本当の意味での介護計画になるわけです。

例えば、出来上がった介護計画を利用者の目の前で読み上げてみます。利用者が「これは自分のための計画だ」と納得してくれるかどうかがポイントです。

2-5

会議が「時間の無駄づかい」になっていないか？

日々行なわれる様々な会議。本当に「実」のあるものになっているかどうかを振り返りましょう

介護現場では、様々なミーティングやカンファレンスが開かれます。

現場のスタッフにとっては、利用者と接する時間を割いてまで参加するわけですから、貴重な時間を無駄にしないための心構えが求められます。

せっかくの会議にもかかわらず、大切な情報が交換できなかったり、多職種からの一方的な話を聞くだけで終わっていないでしょうか。

「本当は言いたいことがあったのに（何も発言できなかった）」という流れになっていては、意味がありません。

しかし、そういう状況になるのも無理からぬこと——という背景があるのも事実です。

介護職というと、どうしても「医療や看護、リハ職よりも下」という根強い風土にさらされています。

こうした関係は、わが国の医療・介護の世界で長年培われてしまったもので、根本から変えていくためには、組織全体の強い意思が求められます。

実際、会議の風土を変えていくために、現場では様々な工夫がなされています。

次ページで紹介するような、ポストイットを使った手法などもその一つと言えます。

介護のスタイルに様々な工夫をほどこすことも大切に

いずれにしても大切なのは、「参加者が発言を交わす」というだけのスタイルにしばられず、いろいろなアプローチをしかけていくことです。

例えば、利用者の生活状況がテーマとなっている場合、そのシーンを動画で撮影しながら、参加者が気づいたことを指摘するというやり方もあるでしょう。この場合は、「観る」というアプローチ方法を取り入れることで、会議の空気を変えていくわけです。

また、格式ばった会議という設定の前に、日々ちょっとした情報交換ができる場を設けていく方法もあります。

気軽に発言できる環境を設けることで、自らの意見を表に出すという習慣を身に着け、それをフォーマルな会議につなげていくという流れです。

そのために、現場のあちらこちらに、「ちょっとミーティングができる」というスペースを設け、日常の中に「意見を交わす」場を築いていくといった方法もあるでしょう。

ケアの中身を検討する「実のある会議」をめざす

介護現場にとって「会議」にはどんな意味があるのでしょうか。参加する人、進行を担う人 ── 様々な角度から有意義な会議のあり方を考えてみましょう。

ケアカンファレンス
えー、ではAさんのプランについて、質問、意見を…
「いるだけ」
「だんまり」
時間の無駄!?
…
えーと、○○さん、何かありませんか?
え、あの、いや特にありません
このプランでいいと思います
シ〜ン…
…
…
じゃあ、とりあえずこれで行きますので、経過記録をきちんとつけて…
状態変化があったら言ってくださいね
ガタ!
!
はッ!
はい、終わり〜

ポイント1　利用者本人や家族が会議に参加する場合には、司会者（ケアマネなど）の横に座ってもらい、「会議の主人公である」という位置づけをはっきりさせるといいでしょう。

ポイント2　「何かありませんか？」という漠然とした問いかけでは、なかなか意見は出てきません。「○○の件について」という具合に、具体的な論点を示すことが重要です。

さーて、僕らも現場に戻るか…
ガタ
ちょっと待った
本当に何もないの？このプランでいいの？
ご利用者の生活や安心にかかわることだよ
うーん、実は…
え？ Aさんが「今のリハビリはつらいって」言ってた⁉
ええ、最近、個別リハの時間になると…
こんなことしても、以前のようには戻れないって…
だから気分が落ち込むとか…
なんでそんな大切な訴えを会議で伝えないの！
アホか…
いやいや、ここはグッと飲み込み…
ガマン
ガマン
えーと、どうして、そのことを会議で言わなかったのかな？
PTの○△さんには、リハ批判しているみたいで言いにくいし…
NSの□○さんは「このプランでいいよね！」ってオーラが出まくってて…
NS
PT
介護職
あ、２人には言わないでくださいよ…
う〜ん
うーん、どうしたら会議が活発になるか…

ポイント３　利用者の訴えというのは、どんな些細なものであっても、介護現場では最も重要な情報の一つです。「この点について、ご利用者はどう言っているか」という形で意見を促すのも一つの方法です。

ポイント４　看護師やリハ職などに対し、介護職はどうしても立場的な気兼ねが生まれがちです。事前に、介護職側の意見を取りまとめておくなどの工夫も大切です。

…で、うちのGH会議を参考にしたい…と
以前、話を聞いた時に、うまくいってると聞いたものですから…
まあ、まだ試行錯誤なんだけどね
ポストイットを使ったワークショップ？
そう、最近、地域ケア会議とかでよくやってるけど
例えば、あるケアの提案に対して、思いついたことをポストイットに書き、
テーマ別にそれを白板とかに貼り出す
それで会議が活性化するんですか？
ホントに？
？
ホント？
他職種連携では、専門職間で、心理的な上下関係が生まれやすく
面と向かって物が言いにくかったりする
そこが悩みの種ですね
だけど…ポストイットに書き込めば
①面と向かって発言するわけではないので、プレッシャーがやわらぐ
②意見を受ける側も、自分に直接向けられるわけではないので、身構えなくてすむ
どんどん書いちゃえ！
なるほどね！
「書く」ことがコミュニケーションを柔らかくするわけですね

ポイント5　「発言」しにくければ、「書いてみる」というやり方は、会議を活性化するうえで有効です。1回書いて終わりではなく、皆の意見が出たところで、もう一度「気づいたこと」を書いてもらうという2段構えが有効でしょう。

ポイント6　ファシリテーションとは、会議などが円滑に行なわれるように、司会などの中立的な立場から意見を取りまとめたり、合意形成を行なうための手法です。それを手がける人をファシリテーターといい、専門の研修も各地で行なわれています。

ポイント7　出された意見がどんなものであっても、否定や却下という姿勢を取らないことも重要です。皆の意見を見ながら、自分の意見を磨いていくという流れが理想です。

加えて…たくさんの意見が「見える」化されるので
新たな気づきも生まれやすい
白板上で一覧できるから思考も整理しやすいですね
ただし、司会者のファシリテーション能力も問われるけどね
ファミリテーション？
ただ、貼り出すだけだと、「意見の披露会」で終わっちゃう…
で、どーする?
上がった意見をとりまとめていく能力が必要ですね
そのあたりが、こっちでも課題。まずは、「意見交換」を活発化する土台づくりの段階ね
ふーむ
とりまとめに向けた流れを作るなら…
①全員の意見をみんなで確認する
②同類の意見はまとめて整理
③気づいたことをもう一度ポストイットに書き込む
書く→見る→気づく→もう一度書く、ですね

まとめ

すべての参加者がまんべんなく意見を出せるようにするため、現場では様々な工夫が進められています。ただし、どんなに会議を活性化しても、それが本当に「利用者のため」にならなければ意味がありません。先入観や主観が多く含まれた意見が交わされるという場合、最初は「会議を活性化する」という点ではいいかもしれませんが、ケアの方向を誤ったものにしないために、取りまとめる側の力量が問われます。

試行錯誤を続けながら、本当に今の会議スタイルでいいのかどうかを常に振り返ること。それが現場独自の会議の文化を築きます。

2-6

立てた計画を「絵に描いたモチ」にしないために

せっかくのプランや介護計画が、「作っても役に立っていない」になっていませんか？

介護計画を作ったとして、たびたび問題になるのは、「それを実行できるだけの体制が整っていない」という点です。

常に人手不足にさらされがちな介護現場ならではの悩みと言えます。

これが「いつものこと」になってしまうと、ケアプランや介護計画が、ただ立てているだけのもの、つまり、どんどん「絵に描いたモチ」になってしまいます。

現場では、ケアプランに示された長期・短期目標に向けて、必要な支援が実践されているかどうかを日々チェックする必要があります。

そのうえで定期的なモニタリングを行ない、必要があれば、介護計画やケアプランの修正につなげるという流れになります。

ただし、利用者の状態変化などではなく、「現場の体制が整わない」ことによる修正が必要となった場合、利用者の利益が大きく損なわれることになります。

これは、一種の契約違反とも言え、プロのサービス提供とは言えません。

事業所・施設としては、チーム（利用者やその家族も当然含まれます）全体で承認したプランについて、それを確実に果たすという責務があります。

仮に、「現場の体制が追いつかない」となれば、「追いつく」ためにはどうすればよいかを考え、素早く、確実に対応していくことが必要になります。

組織全体で危機感を共有できるかどうかがカギ

大切なのは、現場の体制そのものが充実しているかどうかというより、計画等に現場体制が追いつかないという「事実」を察知し、組織全体で危機感を共有できるかどうかです。

例えば、現場の人員が足らない、あるいは、福祉機器等の必要な環境が整備されていないという場合、現場の末端には危機感があるものの、それが組織の上層部に伝わらないというケースがあります。

いわゆる「下から上への直訴」が行なわれたとしても、日常的に危機感を共有できる仕組みがないと、「現場で何とかしろ」という具合に握りつぶされて終わってしまいます。

つまり、対応力というのは、一朝一夕で培われるものではなく、日常的なシステムとして地道に作っていかなければならないわけです。

プランや介護計画を現場できちんと「動かせる」か？

ケアプランや介護計画は作るだけでは意味がなく、それが本当に動かせるかどうかがポイントです。現場の体制とのバランスを法人全体で検証しましょう。

グループホームでケア会議
では、新規のAさんはこの時間にトイレ誘導を行なうということで…
よろしい？
ルンルン
絵に描いたモチで大混乱！
え、何？
あの…
今度入居されるAさんのユニットは、夜間の活動が活発な人が多くて…
ユニットで1人夜勤だと、誘導時のケアが厳しい？
僕らは、全員の状態像や行動の習慣がわかっているけど…
新人のB君は、1人だとまだ難しいかなーって
うーん
弱ったなー今から人員を増やすわけにもいかないし…
ユニットの利用者も動かせないし…

ポイント1　例えばユニットケアの場合、各ユニットの利用者の状況によって、介護計画のあり方が大きな影響を受けることもあります。全体を見る視点が求められます。

ポイント2　夜間ほど不穏になる人がいたり、寝起きのふらつきなどが生じやすいことを考えれば、「不慣れな新人による1人夜勤」はできる限り避けたいものです。

ポイント3　OJTには様々なやり方がありますが、指導する職員の負担がどうなのかをきちんと評価しないと「燃え尽き」を助長する危険も生じます。

おっと
でも…Aさんの状態では、見守り時の注意点も多くて…
新人だとこの注意点だけではパニックになりますよ
う〜ん…
じゃあ、新人のOJTの一環としてさ…
エ!? 僕らがB君の夜勤につき合う?

ポイント4　介護現場の経営環境が悪化してくると、非常勤や派遣職員の割合が増える傾向にあります。そうした人々と常勤職員の間の情報共有の仕組みが重要になります。

先月Cさんが腰痛で休職して人の補充もなく、
私ら夜勤の回数を増やしたばかりなのに…
いや、大変なのはわかってるって…
来月、非常勤と派遣の経験者2人採用する予定だから
非常勤…ハケン…?

ポイント5　法人が新規事業を立ち上げようとすると、現場の管理職などに一時的に大きな負担がかかりがちです。法人の事業全体のバランスを見渡すことが欠かせません。

主任こそ、夜勤やってくださいよ
あー、俺、今月法人の新規立ち上げ任されてるから
ガタ…
あ、そうだこれから、その会議なんだ
じゃあ、よろしくー
バタバタ
逃げたな…

で、どうするよ
どうするよ、って言われても…
今回は仕方ないとしてもこれから重度の人が増える中
現場の体制を考えないプランはキビしいなー
現場の体制
利用者

法人の事務長にかけあってみようか…
現場の人事とかの決定権は事務長にあるからなー
と、言うわけで…
このままだと、事故とか増えるかも
うーん、確かに、現場としてはキビしいな…
要するに…
現場の体制
ケアプラン
このバランスを取るための仕組み
というわけだよね
例えば、事務長に、現場の会議に出てもらうこととかできませんか?
事務方
人事案件等の課題
現場のケア計画等
今まではトップダウン
全体の方針
一応報告
現場
だったもんな
わかった… 少しでも現場のケア会議は見ないとと思ってたから… 今度行ってみる
後日…
おはようございます
えー、ではDさんのケアの見直しについて…
まず状態像の報告を…
先だって、腰痛で受診、自力で寝返りが少々難しくなったので体位交換の介助が必要で…

ポイント6　法人トップや事務方の人にかけあう場合、介護記録などをもとに「どのようなリスクが増えているか」を具体的に示すと話が通りやすくなります。

ポイント7　トップダウンの仕組みを有効に働かせるためには、現場からの意見を集約するボトムアップの仕組みも同時に備えておくことが重要です。

ポイント8　必要な福祉用具が現場にどれだけ装備されているか、また、故障や不具合がないかどうかを定期的にチェックすることも求められます。

ポイント9　全産業において、「休業４日以上」を要する腰痛の発生件数は、「社会福祉施設」がダントツのトップ。業界全体で深刻な課題と受け止めるべきでしょう。

あのー
Dさんは、体重が80kg以上あるから、頻繁なトランスは介助者の負担が大きくなるのでは…
うんうん
自動変換マットって予備あるの?
他のご利用者にみんな使っちゃってるスライディングシートでもあれば…
Cさんの休職も無理なトランスからの腰痛悪化だったな
それよりも…
夜間の頻繁な介助は、Dさんの安眠にも影響するんでは?
夜間の負担も大きい
Aさんの新規入居もあるし…
じ〜
わ、わかった
コホン!
これからはプランと一緒に、必要な体制・器具の提案書を出して、事務方と現場の連携を図りましょう

まとめ

法人のトップや事務方の人は、全体の労務管理や職場環境の整備に関して大きな権限をにぎっています。そうした立場の人が、現場の実情をいかに正確に把握できるかどうかは、ケアの質を左右する大きなポイントです。

現場のマネジメントというと、「現場にかかわる人をどう管理するか」に目が行きがちですが、実は「権限を握る人をどう動かすか」も重要な課題の一つと言えます。例えば、組織内で「実質的な権限を握っている人は誰なのか」を押さえたうえで、その人にかけあうためのノウハウというものを考えておくといいでしょう。

介護専門職としての誇りをどう活かすか？

医療や看護、リハ職等との連携に際し、介護職はどのような立場をとるべきなのでしょうか

医療や看護、リハビリ、栄養にかかる専門職の場合、それぞれ「やるべき職務の範囲」は割とはっきりしています。

では、こうした専門職と連携する場面で、介護職がやるべきことは？となった場合、「これだ」とはっきり示すことができるでしょうか。

例えば、カンファレンスなどに介護職として出席した際、「介護側からの意見」を求められたとします。

それ以前に、他の専門職から療養やリハビリにかかる意見が出ている場合、「自分たちは何を主張すればいいのだろうか」と悩んでしまうシーンが見受けられます。

専門職のチームにおいて、「自分たちがやるべきこと」は何か。生活動作などの介助をすることでしょうか。それとも、本人をめぐる環境などを整えることでしょうか。

しかしながら、他の専門職でも、動作介助や環境整備を行なうシーンがあります。介護現場では、看護職も利用者のおむつ交換などを行なう場面もあります。

その際に、各専門職の視点で「気づく」ことはたくさんあり、それが利用者への様々な支援計画に反映されていきます。そうなると、介護職ならではの「気づき」のポイントをはっきりさせなければ、チームの中で専門職としての役割を果たすことはできません。

継続した生活の中から「利用者の意思」をくみとる役割

介護職にとっての「強み」の一つが、利用者の生活をごく近い位置から、「継続的」に見られることです。他の専門職の場合、医師は診療に際し、看護師はバイタルチェックや療養ケアを通じ、リハビリ職は機能訓練の場において、利用者と接しています。

しかし、その多くは、利用者に生活においては、「切り取られた一面」に過ぎません。その前後の生活を含め、介護職のほうが生活を「線」で見られるケースが多いと言えるでしょう。

そこで重要になるのは、利用者にとっての生活は、本人の「意思」の現れであるということがよくわかる点です。例えば、リハビリをする場合、利用者の「しよう」という意識が効果を左右します。となれば、生活の中から、その「意思」を受け取ることのできる職種が必要です。

ここに、介護職ならではの専門性のヒントがあると言えます。

他職種との連携で「介護」が心がけることは？

介護、医療、看護、リハビリ…様々な専門職の「連携」がますます問われる時代。その中で、介護職はどのような専門性を求められるのでしょうか。

仕事の誇りを胸に…
誇り
今日、療養病床へ異動して初のカンファ
あードキドキ…
よろしくお願いします
お疲れさまー
では入所されたAさんのカンファを…
キンチョー
ACGが…
PCGも…
負荷試験で…
コレステロール値は…
な、何を話してるのかわからない…
ひえ〜
では、この点で介護側の意見は？
プラン上でつけ加えることとか…
じ〜
え!!?
あ、あの…

ポイント1　病床の入院期間が短くなる中、「在宅復帰」を視野に入れて「患者の生活をどう整えるか」という考え方もクローズアップされています。医療機関における介護職の役割も重視されています。

ポイント2　PCGは心電図における心音図、ACGは心尖拍動図のこと。心臓病などの人の循環器系検査で用いられます。なお、負荷試験とは、運動などの負荷をかけたときの心電図の様子もチェックすることです。

ポイント3　心筋梗塞を起こした患者に対して、様々な治療がほどこされた後に、少しずつ心臓に負荷をかけるリハビリが行なわれます。これにより、合併症を防ぎ社会復帰をうながします。

い、いや
特にこちらからは
何も…
そうですか、
ではこれで
……
カンファ
終了後
とか、
いっちゃったわけ？
うーん、
心筋梗塞の既往症
に対するリハとか
栄養管理という
話はわかったけど…

ポイント4　心臓病患者の場合、日常的な疲労や服薬による食欲不振から、栄養不足のリスクが高まります。つまり、日々の食事コントロールが重要になるわけです。

でもさ…
事前に
アセスメント情報
とか渡されて
いたんでしょ？
いや、
一応、
専門用語
事典で
調べては
いるけど…
介護側に
求められている
ことが
わかってないな

おっほん！
では質問、
介護職の
専門性って何？
？
せんもん
せい？？
はい！　ご利用者の
自立支援を図ること
何？
その教科書的な
答えは、もっと
自分たちの言葉で！
？
？
介護職
うーん
？

ポイント5　おむつ交換をする中では、皮膚の状態や関節の拘縮状況など、利用者の様々な身体状況を知る機会となります。

生活
動作の
介助？
トイレ
誘導とか
歩行介助とか…
Ns
リハ
ナースもリハ職も
うちでは
オムツ交換して
ないよねー
そういうこと
かな？
自分たちで言って
どないすんねん
うーん
何か
ちがう
ような…

まず、「支援」を順序だてて考えてみようよ
はあ…
支援の構造
Ⓐ療養上の支援
利用者
Ⓑ機能向上での支援
Ⓒ環境上の支援
ちょっと便宜的だけど、支援の内容はだいたいこんな感じ
Ⓐを担うのはNSとか栄養士？
Ⓑは、PT・OT？ST
…で、Ⓒは…
「環境」と言っても幅が広いよね
住宅改修や福祉用具だけじゃないし…
経済的支援も含まれる？
考えてみれば…排泄介助や入浴介助だって
気分をさっぱりしてもらうという
意味での、環境支援？
もちろんヘルパーの生活援助も環境支援だし…
そうか！Ⓒこそ介護の専門性なんだ！
……
ちょっと待った！
え？ちがうの？
PT・OTだって…
生活リハのための環境整備はするでしょ？
NSだって療養環境には気を配る…
室温は…と…

ポイント6　この3つの外部支援は、利用者本人の「生活の質」および「生活意欲」を向上させ、最終的に「自分でやれること」を増やしていく支援へとつながっていきます。

ポイント7　環境上の支援はもっとも範囲が広く、ちょっとした「言葉がけ」で利用者のできることが増えていく点を考えたとき、この「言葉がけ」も環境上の支援の一つと言えます。

ポイント8　室温の適切な管理を行なうだけで、疾患リスクを軽減したり、生活意欲を高めることにつながります。その意味で、エアコンなどの調整も大切な支援となります。

ポイント９　必要な福祉用具が現場にどれだけ装備されているか、また、故障や不具合がないかどうかを定期的にチェックすることも求められます。

ポイント10　本人の意欲を高めるヒントは、生活習慣の様々な場面にひそんでいます。それを掘り起こすことが求められます。

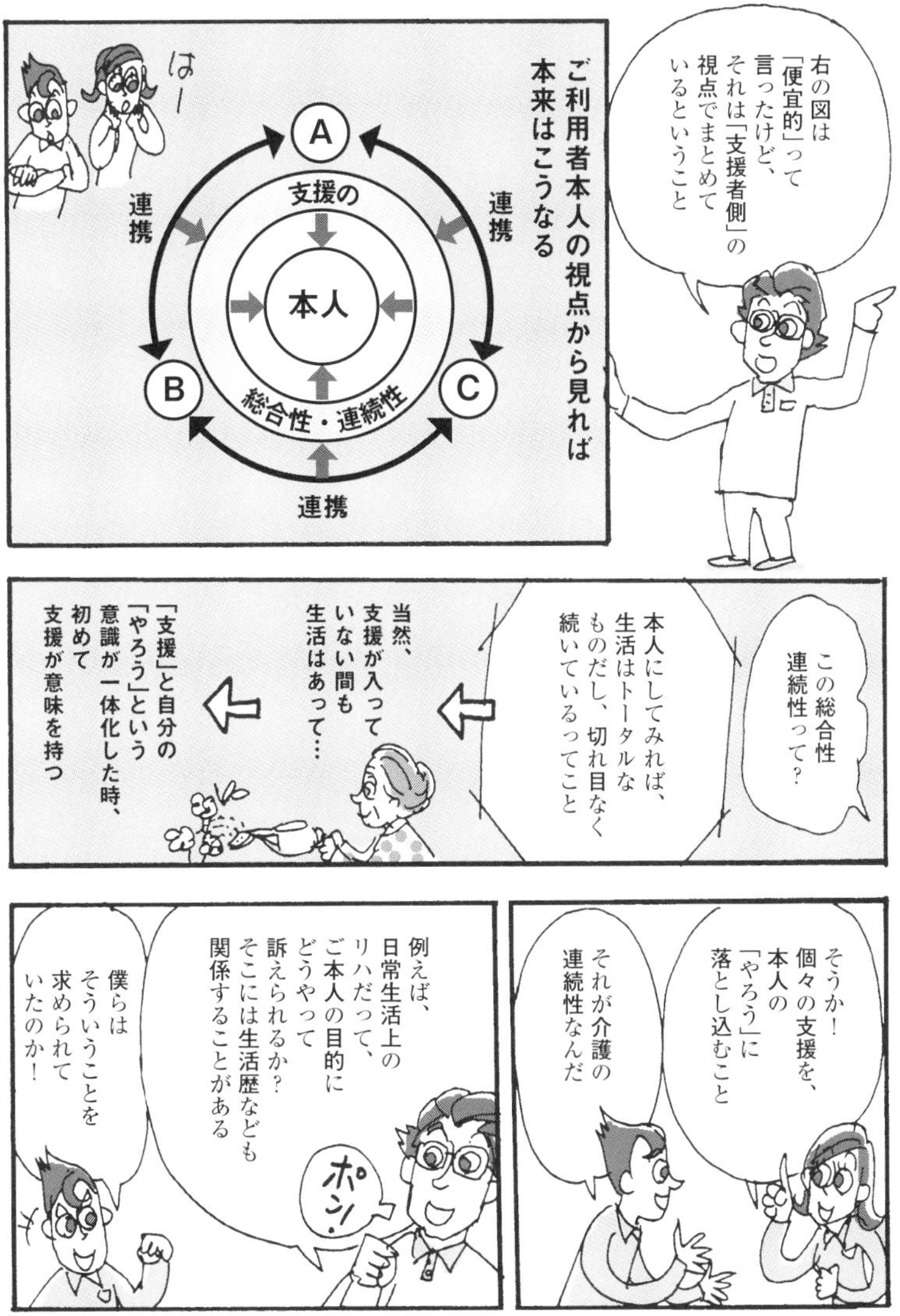
右の図は「便宜的」って言ったけど、それは「支援者側」の視点でまとめているということ
ご利用者本人の視点から見れば本来はこうなる
はー
A
B
C
連携
連携
連携
支援の
本人
総合性・連続性
この総合性連続性って？
本人にしてみれば、生活はトータルなものだし、切れ目なく続いているってこと
当然、支援が入っていない間も生活はあって…
「支援」と自分の「やろう」という意識が一体化した時、初めて支援が意味を持つ
そうか！個々の支援を、本人の「やろう」に落とし込むこと
それが介護の連続性なんだ
例えば、日常生活上のリハだって、ご本人の目的にどうやって訴えられるか？そこには生活歴なども関係することがある
ポン！
僕らはそういうことを求められていたのか！

まとめ

利用者の状態が重くなってくると、つい「その人の心身の状態を管理する」という発想になりがちです。もちろん服薬や栄養などの管理は大切ですが、利用者の立場に立てば、それは「生活の一部」ということに変わりはありません。生活の主体はあくまで利用者本人であり、その人の意向をいかに尊重するかという基本を忘れてはならないわけです。

その意味で、本人の生活にもっとも身近に接している介護職は、「(様々な療養上の管理に対して)本人の意向はどうなっているのだろうか」という視点で専門性を発揮することが求められます。

2-8

「何のために記録するのか?」をしっかり確認しよう

介護記録は、ただ書けばいいというものではありません。その目的を意識することが大切です

介護現場では、利用者の生活状況について、日々記録しなければなりません。

しかし、これを何のためにやるのかという理解があいまいだと、せっかくの記録を「よりよいケア」に結びつけることが難しくなります。

介護職にしてみれば、利用者と接する貴重な時間を割いて「記録を書く」ということも多いわけで、記録の意義が不明確なままでは、ただの「時間と労力の無駄」になってしまいます。

では、記録の目的とは何でしょうか。

介護現場では、ちょっとしたきっかけで利用者の生活意欲が低下したり、状態が重くなったりします。それを防ぐうえでは、様々なリスクを先回りしながら把握し、適切な支援に結びつけなければなりません。

ただし、「先回り」してリスク把握をするためには、日々のちょっとした変化に敏感になることが必要です。

また、その場面がどのようなリスクに結びつくのかを知るうえで、現場全体で「こんなこと

があった」という情報を共有しなければなりません。（一人が気づいただけでは。その場だけの対処に終わってしまい、ケアの底上げにつながらないからです）

「何をした」だけでなく、「どのようにした」かに着目する

以上の点から、「利用者の日々のちょっとした変化をくみとる」、そして「それをチームで共有する」ために記録が重要になるわけです。

ここで注意したいのは、「ちょっとした変化」が記録にきちんと現れているか、そして、チームの誰が読んでも「変化」が理解できるようになっているかという点です。

その人が「トイレに行った」とか「食事をした」という、行為の大枠だけを記しても、そこから「ちょっとした変化」を読み取ることは困難です。

大切なのは、「何をした」というだけでなく「それを、どのようにしたか」という点を描くことです。

例えば、「食事をした」というのであれば、食事の際の姿勢や言動、実際に食べた量などをしっかり記さなければなりません。そのうえで、「あれ？　昨日とはちょっと違うな」という事実が浮かび上がってくれれば、それが「貴重な情報」となります。

介護記録の大切さを理解しているか?

介護職にとって「苦手な業務」のひとつが記録の作成です。なぜ「面倒」と感じてしまうのでしょう? それを「前向きな作業」に変えるためには?

「何のため?」を考えないと、ただの面倒仕事!
キ～
A君、ちょっと…
はい?
この記録だけどさー
は?
これじゃあ職員の日誌だよ
はあ…
Bさん
11:30 トイレ誘導する
12:30 食事介助する
1:30 口腔ケアを行う
ご利用者の生活状況を記すのが記録でしょ?
うーん?
あ!
ああ、すいません、こういうことですよね
そうじゃなくて…
Bさん
11:30 トイレに行かれる
12:30 食事を召し上がる
1:30 全量お食べになる
口腔ケアさせてい

ポイント1　利用者のための記録なのに、「職員が主人公」になった記録を作成していませんか? そのときの利用者の言動をまず頭に浮かべることが必要です。

ポイント2　事故などが発生したとき、利用者の家族なども記録を閲覧することがあります。「肝心なことが記されていない」という印象をもたれると、「何か隠しているのでは」と疑われることもあるので注意しましょう。

「何のため」に記録をとっているのかとゆーこと
アンダースタン？
何のため……？
ご利用者の生活を把握して、その後のケアに活かすこと…？
で、前ページの記録でそれができるの？
何やってるの？
？？
う〜ん…
何とかなるかな？普段と違う様子があれば、きっと書くから…
ちょっとォ……
「普段と違う」ことが事故だったらどーするの？
その予兆を探るのが仕事でしょ？
事故だけでなくご本人の意欲低下とか
そういう兆候への気づきをチームで共有しないと
そのための記録ですよね
チームでPDCAサイクルを動かす上でも記録は基本
PDCAサイクルって？
PDCAサイクルとは…
PLAN（計画）
DO（実行）
CHECK（検証評価）
ACT（改善）
このサイクルを動かしながらよりよいケアを築いていくこと
「C」の所でやってみてどうだったかを知るのに記録が必要ですね

ポイント3　特別な出来事がなくても、表に出にくい部分での変化が日々起こっていることがあります（状態像の悪化など）。その予兆に気づくには、「ちょっと気になること」を見逃さずにメモすることが求められます。

ポイント4　見えにくい変化に気づくには、たとえば利用者の様子を写真やビデオで撮影するのもひとつの方法です。その場では気づかなかったことも、映像を見返す中でふと気づくことがあります。それを繰り返すことで、「気づき」力が高まります。

2-8

評価に活かせる「記録」で大切なこととは何ですか？
それはね
HOWをきちんと記すということ…
HOW
HOW（どのように）…ということは…
How ?
・トイレに行かれる
・食事を全量召し上がる
・リハビリをされる
これだとwhat（何をする）だけの記録になる
これだと計画通りに進んでいるかどうかをチェックするだけになっちゃいますね
自分に当てはめるとよくわかる…
自分？
毎日同じ時間に食事をする場合でも…
A
B
バタバタ
うわ、遅刻しちゃう
ゆったり〜
今日は休みだからゆっくり食べよ―
Aだと、いつか喉に詰まらせたりしそう…
ね、これってリスクでしょ
ご利用者だって同じ…1つの生活行為には様々な因子が働いている…
環境が与えていること
その時の本人の心理状況など
スタッフ等との関係性
食べ方のスピードとか集中の仕方とか食事中の「訴え」とか、微妙に変わってきますね

ポイント5　文章作成の基本は「5W1H」。その中の「HOW」は、介護ではもっとも重要な要素です。これを掘り下げることで、「WHY（なぜ、そうなったのか）」という背景も浮かんできます。

ポイント6　人の生活を理解するうえでは、もっとも身近なサンプルである「自分の生活」を振り返ることが大切です。何気ない自分の生活動作を振り返ってみると、「利用者はこんなことに困っているのかもしれない」という発見につながってきます。

ポイント7　例えば、「ただじっと座っている」という瞬間でも、利用者の中ではさまざまな変化が生じています。むしろ、そうした「動きが少ない瞬間」こそ、目立たない変化を察知するポイントでもあります。

ポイント8　利用者の言動だけでなく、「スタッフ側の言動」も気になる点は記しましょう。「その言動が利用者に何らかの影響を与えている?」という背景が見えてきます。

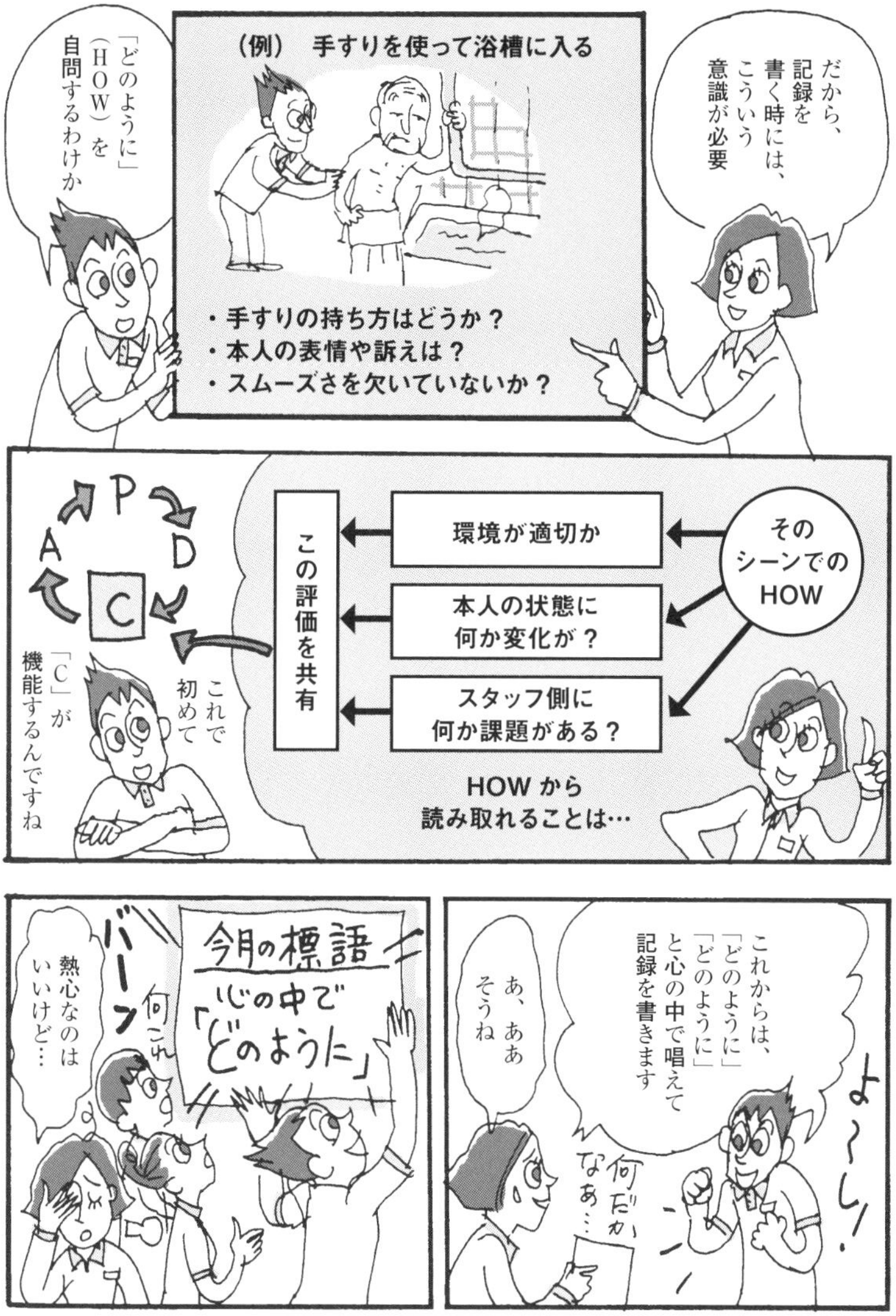
だから、記録を書く時には、こういう意識が必要
（例）　手すりを使って浴槽に入る
・手すりの持ち方はどうか？
・本人の表情や訴えは？
・スムーズさを欠いていないか？
「どのように」（HOW）を自問するわけか
そのシーンでのHOW
環境が適切か
本人の状態に何か変化が？
スタッフ側に何か課題がある？
この評価を共有
HOWから読み取れることは…
P
D
C
A
これで初めて「C」が機能するんですね
これからは、「どのように」「どのように」と心の中で唱えて記録を書きます
よ〜し！
あ、ああそうね
何だかなあ…
バーン
今月の標語
心の中で「どのように」
何これ
熱心なのはいいけど…

まとめ

介護はチームで行なうものです。いろいろな職員の多様な視点でケアをチェックすることが、利用者の安心に結びつきます。しかし、皆が皆、利用者の24時間の生活を見ているわけではありません。

また、もっとも利用者に寄り添う時間が長い人でも、身近でありすぎるがゆえに「気づかない」リスクが生じることもあります。

チーム内の様々な人から「気づき」を引き出すには、記録が整っていることが必要です。その場にいない人でも、「その場に居合わせる」のと同じ感覚で記録が読めるかどうか。その点を頭に入れて記録を作成しましょう。

2-9

次につながる「モニタリング」で現場のケアをレベルアップ!

利用者を「深く知る」ために必要な視点とは?

自分たちが行なうケアが、利用者にとって本当に有効なのか――その答えを知るためには?

介護現場で日々作成されるケース記録。それを、よりよいケアに結びつけるには、「書かれていること」が何を意味するのかをきちんと読み取る技能が必要です。

例えば、以前は積極的に趣味活動を行なっていた人が、最近は前向きに取り組まなくなったとします。それは、なぜなのか? 様々な仮説が立つでしょう。

どこかに「痛み」などがあって、物事に集中できない?

運動機能が少しずつ低下している中で、本人に自信がなくなっている?

あるいは、その趣味活動を行なううえでの人間関係や環境設定などが影響している?

また、認知症の進行なども考えられるでしょう。

ただし、これらはすべて「仮説」に過ぎません。

仮説をいろいろと挙げながら、チーム内で「何が真実なのか」を検討するのはいいでしょう。

ただし、「それが真実である」ことの根拠を挙げて、意見交換をすることが必要です。

根拠を示さずに「ああでもない、こうでもない」と議論すると、その場の空気などで「きっとこれだ」という憶測が、いつの間にか「確実」なものへと変化する危険があります。

単なる憶測が、真実へとすり替えられてしまうわけです。

「やってみて↓評価する」という流れがケアの質を上げる

もちろん、介護のプロとしての直感は必要でしょう。ただし、直感はあくまで「勘」であり、それを実際のケアに結びつけるには、何らかの下支えが必要です。

とはいえ、すべてのケースにおいて、根拠を浮かび上がらせるのは難しいこともあります。

そこで、ある程度の状況証拠が揃ったところで、それを実際にやってみて評価するという過程も求められます。この評価がモニタリングです。

「やってみる」ことで根拠を浮かび上がらせる材料となり、これがモニタリングの目的の一つとなるわけです。

【やってみて↓評価する】……この流れを築くことが、ケアの質を高めるカギと言えます。

もちろん、それをやることで何らかのリスクが生じるというケースもあります。そのため、「それを行なうことで、逆にデメリットが生じることはないか」をきちんと推し量ることも欠かせません。

次につながる「モニタリング」で現場のケアをレベルアップ！

利用者は、常に「いろいろな姿」を見せています。それに気づけるかどうか、次のケアに活かせるかどうかは、介護職の腕の見せどころです。

「攻めの見立て」で
利用者を深く知る
小規模多機能型にて…
あ、C君ちょっと…
は？
ここのところ、Dさんの様子はどうかな？
Dさんですか？
とても落ち着かれてますよ
利用された当初は混乱が激しかったけど…
あ！
Dさん、外に行かれるなら私も！
うるさい！放っておいてくれ
あら……
あら
出てっちゃった…
へ？
どこが落ち着いてるって？

ポイント1　認知症の初期対応（医療面も含む）がうまくいくと、BPSDが緩和されることがあります。しかし、何かのきっかけで再び症状が後戻りすることもあり、日々のモニタリングが欠かせません。

ポイント2　認知症の人の徘徊の多くは、本人にとって目的のある「外出」です。当然、職員が付き添う際にも、本人の「目的」に応じた対応が求められます。

そう言えば、日によって差があるようだね
いやいや、対応するスタッフの違いでしょ
ほっ!
記録を見るとね…
あ、お帰りになった
ご利用者に女性が多かったり
皆で歌を歌うといった和やかな時に
不穏になることが多いみたいだね
そーだったかなー
それは気がつかなかった
ちゃんと記録読めよ
だけど、出て行かれた時は、さっきみたいにすぐ戻ってくる
そーいえば、玄関脇の植木をじっと見ている時があるね
…で、Dさんの生活歴と照らして、仮説が浮かばないかな
仮説?
ご家族から聞いた話では…
Dさんはかつて植木職人をされていた
だから利用時間時に、玄関脇の植木をさわってもらったり…
それは知ってます
そうしたら落ちついて……
それと、今、不穏になられる状況にどんな関係が?
わかんないかな…

ポイント3　記録は「書く」だけでなく、（他の職員が書いた記録を）きちんと「読む」ことが重要です。日々の記録の中に、ケアのヒントがたくさん含まれています。

ポイント4　認知症ケアの基本は、「一人ひとりの生活リズム」を尊重すること。事業所側で何か（歌唱や趣味活動など）を一方的に強いることのないよう気配りを。

ポイント5　利用者の何気ない行動と、その人の生活歴を照らしていくと、「その人の隠れた意向」が見えてきます。点を結んで線や面にしていくという発想を持ちましょう。

2-9

Dさんの若い頃の植木職人って…
ほとんど男の世界だよね
事故リスクもある仕事だから、常に緊張感もあるし…
日中、和やかに歌なんて歌ってる場合じゃないなー
ずいぶん前のことだけど…
もと会社重役だったご利用者が…
帰る!
そこで、背広・ネクタイも着用したスタッフが…
部長、お時間まだですので、お待ちください
おお、そうか
まあ、その場の即興だけどね
…で、Dさんのケースを考えてみる
仮説としては、
植木職人だった当時の生活状況と比較して…
今の状況とのズレが大きいと
ここは自分の居場所ではないと思ってしまう
では、どんなアクションを心掛ければいいかな?
うーん
うちは女性のご利用者も多いし、変に緊張感のある空気を作れば他の人への影響が心配だし…
大切なのは…
仮説を立てる
やってみて
どうだったかをきちんと振り返る
支援する側からのアクションが必要なんですね
はー
はー

ポイント6　同じ職業でも、本人が若かった頃と今では仕事上の風習・文化がまったく異なることがあります。(今はもう見られない職業も含めて) 世の中のさまざまな仕事に関する歴史を知ることも、介護職にとっては大切なスキルの一つです。

ポイント7　即興による認知症対応がうまくいったとしても、それで終わらせるのではなく、「なぜうまくいったのか」を振り返ることが大切です。

ポイント8　認知症の人の「平穏」を導くには、「ここにいることに意味がある」と思ってもらえる状況づくりから始めましょう。

ポイント９　多くの人は「仕事」だけに生きているわけではありません。趣味や嗜好など、人の人生を立体的にとらえていく目を持ちたいものです。

やっぱり原則は個別ケアだよね
玄関脇の植木の手入れをしてもらったり？
チョキン！
……
そういう時はかつての趣味にも目を向けてみようよ

ポイント10　さまざまな人の手を借りることで、地域の中に「認知症の人への理解」を広めていくビジョンを描くこともできます。

もうすぐ○○神社の夏祭りだね
後援会にDさんの知り合いがいないか調べてみよう
で、もし可能なら祭りの準備を見に出かけてみるとか
囲碁の相手をしてくれる年配男性のボランティアも探してみれば？

こうして見ると、認知症ケアにはつくづく多様な地域資源が求められるんだね
いろいろな手を連結させるのか…
そう！そこがポイント
モニタリングもその「線」で行なわないと意味がないですね

まとめ

利用者の心の中には、さまざまな「こうありたい」という願いが大切にしまわれています。それに応えるには、介護現場だけでは力が足りないこともあるでしょう。現場の中の資源は、利用者の築いてきた生活の範囲に比べれば、ごくわずかにすぎないからです。

そこで、利用者の身になって視野を広げてみましょう。地域に出ると、本人の生活にフィットした資源がたくさんあります。それらをつぶさにチェックしていくと、利用者が「地域の一員」として輝けるカギが埋もれていることに気づきます。そうした多様な資源に気づくことも介護職の役割です。

2-10

「見えにくい」リスクを「見える」化しよう

介護現場に事故リスクは常に潜んでいます。防ぐために何が必要なのかを考えてみましょう

介護現場における大きな課題の一つと言えば、やはり「事故防止」でしょう。転倒や転落、誤嚥、認知症の人をめぐるトラブルなど、介護現場には様々な事故リスクが潜んでいます。これらを防ぐためには、プロとしての技能が求められます。

ここでも重要になるのが、事前のアセスメントと日々のケース記録から得られる「気づき」です。これを共有したうえで、利用者にどのような事故リスクがあるのかを明らかにします。難しいのは、気づきにくい「ちょっとしたこと」でも、それを放置することで、大きな事故の芽になることです。

事故が氷山の一角であるとするなら、水面下には、気づきにくい、たくさんのリスクがあることを日々意識したいものです。

このあたりは、3章でもふれる「洞察力」を鍛えることが大きなポイントになります。介護現場は、常に気の抜けない忙しさに満ちていますが、そんな中で「リスクを見逃さない」能力をいかに身に着けるか——人材育成を進めるうえでも最重要の課題です。

「ヒヤリハット」ケースをしっかり蓄積することがポイント

事故防止のために取り組んでいきたいことの一つが、日々の「ヒヤリハット報告」です。

ケース記録やケアプランチェックなど、介護現場では様々な記録作成が必要となりますが、そこに「ヒヤリハット報告」をプラスするのは、かなりの手間を要します。

しかしながら、ヒヤリハットこそが氷山の水面下にあたることを考えれば、その情報を十分に蓄積することが、後々の事故防止策をスムーズに進めるうえで欠かせません。

問題なのは、何をもって「ヒヤリハット」とするかにあります。この定義づけが現場でしっかりできていないと、個々の職員の主観によって「ヒヤリハットであるか否か」が左右されてしまいます。これでは、客観的にリスク分析を行なうことが難しくなります。

例えば、日々のケース記録において、事前のアセスメントから予測できない状況が発生したとき、それを「ヒヤリハット」として別途記録しておくという方法もあるでしょう。

できるだけ多くの情報を蓄積することが、事故防止においては貴重な財産となります。

介護事故を防ぐために必要なことは何か？

介護事故が発生する前には、必ず何かしらの「予兆」があります。見えにくい「予兆」にいかに気づくことができるかが、事故防止の大きなポイントです。

事故→
「見えにくい」部分にカギがある!?
GH管理者の自宅
Pi Pi
うー、こんな真夜中に…
ふぁい…もしもし…
え!? 転倒事故!
Aさんがフロアで転んで…
ええ、ちょうど訪看さんが来てたので、様子を…
訪看さんから協力医に連絡してもらった?
はい。頭は打ってないし、骨にも異常はなさそうですけれど
でも朝一番で検査してもらおう
翌朝
あ、どうだった?
ええ、検査してもらいましたが異常はないと
ただの打ちみだそうです

ポイント1　自治体単位での介護事故調査を見ると、事故の内訳として転倒・転落で8割近くを占めるというデータがあります。

ポイント2　GHなど看護師配置が薄いサービス現場では、外部からの訪問看護師などがいざというときに心強い存在となります。

ポイント3　本当に「頭を打っていないのか」（見ていなかっただけではないのか）、「骨には異常がないのか」（本人の動作や訴えだけで判断していないか）など、本来であれば慎重な事後チェックが求められるところです。

まずはひと安心…だけど、また起こる可能性もあるなー
そーですねー
…ということで
改めて、昨晩の事故を検証してみよう
じゃ、昨晩の状況を
えーと、深夜1時ごろAさんが杖をついて居室から出てこられ…
寝つけない様子だったので、
ほうじ茶どうぞ…
で、いつもなら杖を手に立ち上がるんですけど
よいしょ
なぜか、キョロキョロして
ヨロ〜
杖を持たず、いきなり立ち上がって
そのまま転倒
なんで杖を持たずに立ち上がったんだろうか？
身体機能に対する見当識が衰えていますから…
夜、寝つけないことがよくあるんだっけ？
前日に発熱があって日中、横になってたんです。だから、睡眠のサイクルがズレたのかと…

ポイント４　何らかの事故が発生した場合、行政から早期の再発防止策を求められることがあります。発生後、できるだけ早く事故防止委員会を開催するなどの行動が求められます。

ポイント５　認知症の人の場合、「（自分は）自力での立ち上がりや歩行が難しい」という認識が衰えていることがあります。こうした実際の運動機能と認識のズレも、大きなリスクとしてとらえることが必要です。

ポイント６　認知症の人は、BPSDの悪化にともなって昼夜逆転になるケースが目立ちます。睡眠サイクルのズレは、夜間の不穏行動などを招きやすくなります。

じゃあ、睡眠サイクルをまた整えることが大切だね
半覚醒で、見当識が乱れたのかも…
それだけかなー
Aさんのヒヤリハット記録を見せて…
ヒヤリハット記録…ですか？
え？この1枚だけ？
いやーヒヤリハットっていつ書けばいいのか
ヒヤリハットの意味、理解してる？
えーと、「ヒヤリ」とか「ハッと」した時ですよね
トラブルはあったけど実害がなかった時では？
あれ、違ったかな？
何をもって、「ヒヤリハット」とするかはいろいろ議論もあるけれど…
「なんのため？」を考えた時
事故に発展しないための防止策を考える
その材料とするという意味がある
ほー
…で「事故が起こる」というのは、想定していない事態が起こっているわけで
想定外
予測できれば防ぎようはあるもんなー
…とするなら
事前に予測できる状況
「予測」からこぼれたもの
これをヒヤリハットで、明らかにすることが重要

ポイント7　ヒヤリハット報告は、現場でどのようなリスクが生じているかを把握するうえで大切なデータとなります。「事故防止」の観点から、報告を徹底することが必要です。

ポイント8　ここでいう「想定していない事態」とは、利用者の状況だけでなく、環境面の問題や職員側の心身・技能の状況なども含まれます。例えば、業務が慌ただしくなる中で職員の手洗い・うがいがしっかり行なわれないとすれば、そこには「感染症に関するヒヤリハット」が存在することになります。

ポイント９　大きな事故が1件発生した場合、その背景には29件の軽微な事故、300件のヒヤリハットがあるといわれます。これをハインリッヒの法則といいます。

ポイント10　本人が予測できない行動をとる場合、その予兆は必ず見られます。その人の生活パターンを理解したうえで、予兆を見逃さないことが大切です。

でも、それでは「ヒヤリハット」報告がすごい量になってしまいます…
キつい…
そりゃ、アセスメントが不十分ならそうなるわな
つまり、現場の努力次第！
事故
予測できない状況（ヒヤリハット）
「予測できない」状況がどれだけあるのか正しく把握しないと
事故発生の危険が迫っているのに気づかない
事故というのは「予測できない」状況が積み重なって発生する
実際はこうなのに…
こうなって予測できないわけか…
まあ、仕方ないから、Aさんの記録で事故原因を検証しよう
何か、わかりますかって
記録では日中もフロアで時々キョロキョロすることがあるようだね
キョロ
キョロ
そーいえば
何かが気になって←それが衝動的な行動につながっているんじゃないかな、生活歴などからそれを探ってみよう
植木に水をやるとか？ゴミが落ちてるのを拾おうとするとか？

まとめ

人間の行動には、必ず意味があります。その意味をきちんとくむことができれば、「その人は次にどのような行動を起こすだろうか」と推測し、危ないシーンで先回りして手を貸したりすることができます。つまり、事故を防ぐためには、その人の過去の生活習慣などに目を配ることも求められるわけです。

事故を防ぐというと、「行動を抑制すればいい」と考えがちです。しかし、人は抑制に対して反発することもある点を考えれば、かえってリスクを高めます。その人の価値観や思いを尊重することが、実は事故防止のスタートラインなのです。

2-11

その場しのぎの対応では、泥沼化する危険もある

介護現場に寄せられる様々なクレーム、トラブルの報告。ていねいな対処が求められます

介護現場には、利用者本人やその家族、あるいは地域住民などから様々なクレームが寄せられることがあります。

例えば、「こちらの要望に応えていない」とか、「何らかの損害を受けた」など、中にはやや理不尽とも思えるクレームも少なくありません。

社会情勢や世帯事情が複雑になるほど、その数はますます増えることも予想されます。

こうした様々なクレームに対し、その場しのぎで済まそうという意識があると、結果として事態がエスカレートする危険にさらされがちです。

確かに、いわゆる「クレーマーでは」と思われるケースもあります。しかし、クレームという形で訴えが出るということは、そこに何らかの背景があることを忘れてはなりません。

つまり、その利用者や家族などが抱えているリスクが、クレームという形で表に出ているという見方も必要です。

その場しのぎの対処はリスクを放置するということになり、別の形で問題が大きくなる可能

性が膨らむことになります。

次ページで紹介するように、家族側の介護ストレスなどが蓄積する中で、クレーム等のトラブルが生じていることもあります。

となれば、その背景にあるリスクに目を向けたうえで、家族のレスパイト強化などの方策を考えていかなければなりません。

クレーム報告を確実に上げて、組織で共有する仕組みを

クレームにどう向き合うかが「リスク対策」につながるとするなら、組織としてどう対処するのかを仕組みとして整えておく必要があります。

そのためには、まず、誰からどんなクレームが出ているのかをうやむやにせず、報告という形をとりながら組織全体で共有していかなければなりません。

この「現場からの報告」がリスク分析を進めるための材料となるわけです。

その際、クレーム報告自体が「ペナルティの対象になるのでは」という意識があると、なかなか実態が表に出てこなくなります。「報告を出さないことこそ、ペナルティの対象になる」という組織風土を養っていくことが求められるでしょう。

利用者からのクレームにどう対処すればいい？

どんなに小さなクレームでも、その奥には様々なリスクがひそんでいます。「大したことはない」と放っておくと大変なトラブルを生みかねません。

クレーム
クレーム
その場しのぎが泥沼生んだり…
利用者宅にて
あーもーいやー…
どしたの？
毎度のことだけど、Aさんの娘さんがうるさくて…
あー、あの方ね ご本人の介助とかで「やり方がヘン」とかすぐクレームつけるよね
訪問は5分前に来るのが普通でしょ⁉とも言われたわ
最近、クレームつけるご利用者多いよね⁉
僕の担当してる人は、掃除の後にTVのリモコンの置き場所が違う！とか
外窓まで拭け、とかヘルパーができないことを要求したり…
認知症の人から「お金盗ったでしょ⁉」というのも日常茶飯事よね

ポイント1　家族の中には「長年連れ添っているからこそ、本人のことをもっともよく理解している」という思いが強いケースがあります。その思いを軽んじてしまうと、家族の自尊心が傷つけられ、強いクレームとなりかねません。

ポイント2　介護保険料が上がっていく中で、サービス担当者への要求のハードルが高まる可能性があります(次期制度改正で、一定以上の所得のある人は利用者負担も2割となります)。事業所レベルでしっかりと理解を求めることが重要です。

ずいぶんと現場ではクレームが多いようだけど…
げ⁉サ責のCさん
それにしては、報告書が出てないよね
いやー、何とかその場で納まってますので…
「その場」でって…
…えーと…
クレームやトラブルには様々な背景があって…
重大なトラブルに
クレーム・トラブル
一つひとつ解決しないとどんどんリスクが悪化
あれ、この図どこかで見たな…前項の事故防止にもあったね…
例えば、クレームを出してくる利用者は…
あれだけ言えば何か対処してくれるだろう
常に何らかのリターンを期待してる
わー
その場で納まったように見えても…
リターンがないとマグマはたまる一方
そしてある時爆発する！
うひ～
だから、どんなに小さなクレーム・トラブルでも、事業所として困るわけ
はーい
でも、クレーマーのような人も現にいるわけで…
そういうケースの根本解決は難しいのでは…
それはね！

ポイント３　「クレーム」というのは、担当者にとって「思い出したくない」出来事の一つです。それゆえに、報告書などに反映する作業がとどこおることがあります。

ポイント４　クレーム内容に対し、たとえ完全な解決策が提示できなくても、「検討してくれている」という事実があることで相手側の信頼が回復できることもあります。どんな小さなクレームでも、「放置しないで報告する」ことが重要です。

ポイント５　サービス提供者が家族と直接やりとりする場面が生じた場合、「どんなやりとりがあったか」を事業者側として、随時ヒアリングしていく仕組みが求められます。

もともと自己中心的な人はいるけど、皆が皆クレーマーになるわけじゃないでしょ
クレーマーとしての顔をのぞかせる
その人の本質
なるほど
そうですね〜
むしろ、様々な外的要因が、その人の資質に影響を与えていることが多い
外的要因というと…例えばどんな？
一例を挙げれば…
・介護疲れ
・体調不良
・経済問題
・他の親族との関係
など
また、家族の場合本人の認知症悪化や機能回復がなかなか進まない中でのイライラもある
と、ゆーうことは、クレームの影に虐待リスクもある⁉
そう、でもそれだけにとどまらない
背景に家族の健康状態があれば、「介護倒れ」の前兆というリスクも
クレーム対応とともに、家族のレスパイト強化も必要になるわけか
例えば、認知症のご本人の「盗まれた！」とかいうクレームは？
ヘルパー以外にも言ってる可能性は高いよね
◎近隣の人にも言ってる
地域での関係がこじれていないか？
◎家族にも言っている
家族側の精神的負担にも配慮
ドロボー!!
もー

ポイント6　クレーマーの心理を考えるとき、「自分だったらどんなときにイライラするか」という具合に、自分に置き換えて考えてみると見えてくることがあります。

ポイント7　筋道の立っていないクレームが発せられた場合、同じ言動を他の人（利用者本人も含む）に対しても日常的に行なっているのではないか——といった推測も必要です。

ポイント8　認知症の人の「物盗られ妄想」は、家族の心を疲弊させやすい状況の一つです。家族会などを通じ、「認知症特有の言動」に対しての対処方法などをアドバイスしておくことも大切です。

つまり、クレームの背景を探ることは、その後のケアにもつながるわけですね
クレームは、ケアの質向上のための大切な材料なんだよ
その通り!!
だ・か・ら、どんな小さなクレームでも記録に残す
チームで情報共有しないと…十分な課題分析ができないでしょ?

ポイント9　ヒヤリハットでもそうですが、介護スタッフの場合「現場で起こっているトラブル」を報告すると「評価が下がるのでは」と考えるものです。管理者としては、そういう弱い立場の心理もきちんと理解しなければなりません。

でも…クレーム報告すると業務上、悪い評価を受けてしまうのではという気持ちもあって…
もじもじ…
あー
それは、僕ら管理者側も悪いよね…
職責
評価基準
があいまいな部分があるから
ヘルパーってとっても立場が弱いんです…

ポイント10　直行直帰のスタイルも多い訪問介護の場合、事業所とヘルパーの間のコミュニケーション不足が蓄積し、それが大きなトラブルに結びつくことがあります。事業所として、意識的に面談機会を持つことは大切なリスクマネジメントの一環です。

じゃあ、
クレーム
対　応
その後のケアに活かす
という流れを作るために
管理者と現場ヘルパーがしっかり話し合いましょう
話し合いかー事業所にも言いたいこといっぱいあるから、いい機会かもねー
こっちも厳しくなりそうだ…
報酬上げてほしいなー

まとめ

利用者から何らかのクレームが出たとき、もっともまずいのは「現場レベルでその場しのぎをしてしまう」ことです。クレームという貴重な情報が組織の中で共有されないままになってしまうわけです。

クレームを発した側としては、「組織として何らかのリターンをしてくれるだろう」という期待があるわけで、それがなされないとなれば、「もっと強く言わないとダメだ」という心理につながります。つまり、クレームはさらに強くなり、そのままでは現場のスタッフの疲弊だけが強くなってしまいます。何よりも情報の流通をスムーズにしましょう。

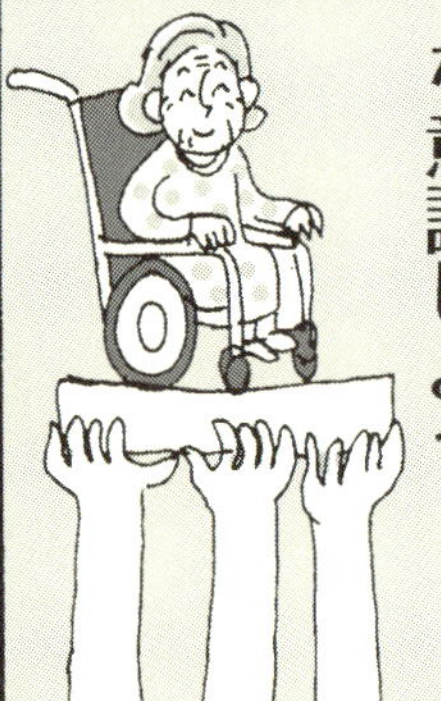

介護業務、3つの柱を意識しよう!

第3章

しごとのスキルをどう高めるか【キャリアアップ編！】

3-1

そもそも「介護」って何？——ここからスタートする

自分たちのしごとの「原点」を見定めよう

キャリアアップを図るためには、進む先にある「姿」をしっかり描き出すことが必要です

介護現場では、入職3年未満といった経験の浅い人材ほど、「離職」しやすい傾向にあります。様々な業界で言われることですが、どのような仕事も「3年」経験してみないと、その魅力や進むべき方向というのはなかなか見えてきません。

事業所や施設が「介護の魅力」をしっかり教えればいいのでは、と思われるかも知れませんが、他者から「言われた」ことと、それを自分の中に「ストンと落とし込む」というのは別の問題です。

仕事の魅力を自分の中で「実感」として落とし込むには、「教えられたこと」と「自分が体験すること」をどこかでつないでいく過程が必要です。

その期間がおおむね3年ということになります。そこで初めて、キャリアアップのためのスタートラインに立つことができるわけです。

とはいえ、重労働・低待遇という慣習が根強い介護業界において、ただ我慢して3年務めるというのは難しい面があることも事実です。

「最初の3年」におけるモチベーションを維持するためにも、「介護という仕事の価値はどこにあるのか」をしっかり描くことが求められます。

努力しているのに結果が見えてこない――その無力感

そもそも「介護の仕事」は何か。しっかりと自分の言葉で語れるでしょうか。

採用面接時の入職動機などを聞くと、よく聞かれるのが「ご利用者に明るくイキイキと過ごしてもらいたい」とか「お年寄りが笑顔でいられる環境を作りたい」といった言葉です。

しかしながら、「明るくイキイキ」とか「笑顔でいる」ことというのは、あくまで支援者側から見た結果に過ぎません。

そこに心をとらわれていると、「自分では努力しているつもりなのに、ご利用者の生活のハリがなかなか見えてこない」となったとき、大きな無力感が訪れます。

そんな「自分が描いた理想の姿」が見えないまま、日々慌ただしい業務をこなさなければならないとなったとき、モチベーションを維持することが難しくなります。

大切なのは、「なぜご利用者が沈んだままなのか」を、本人の気持ちに立ったうえできちんと理解すること。その理解力の向上にこそ、介護職の入口があると考えてください。

そもそも「介護」って何？
——ここからスタートする

介護とは何か、何をすればいいのか……この原点について悩んでいる人は、意外に多いのではないでしょうか。一人の新人の心に寄り添って考えてみましょう。

原点が見えなきゃ「進む道」も見えない
スタート
某特養ホームにて…
次、Aさんのオムツ交換よろしくねー
この仕事に就いてはや3ヶ月か…
昔からお年寄りとお話しするのが好きで…
実家のおじいちゃんおばあちゃん、おばさんなどとよく話したなー
採用時の面接でも…
ご利用者に明るくいきいきと過ごしてもらえるように…
なんて言ってたナー
…で、入職してみると
Bさん、食事の時間ですよ
食いたくない！ほっといてくれ
…
本当に放っておいていいのかな？
あー、Bさんいつものことだから…お腹空いたら自分から来るし

ポイント1　「高齢者と話をするのが好き」という背景には、「身近な高齢者ほど自分のことを認めてくれる」という心理がある場合も。つまり、「認めてほしい自分がいる」ことが先に立っていたりします。

ポイント2　「あの人はこういう人だから」と安易にレッテルを貼ってしまうのは問題です。その人の言動の背景に何があるのかを、きちんと掘り下げなければなりません。

この間は、認知症の人の移乗介助をやろうとして…
では立ちましょう
痛い！痛い！
口ぐせ？
痛い！痛い！
あー、Cさんの口ぐせだから…
自分がしている仕事はこれでいいんだろうか？
そもそも介護って何？…
どしたの考え込んで…午後から「たんの吸引」の研修でしょ？
あ、そうですねすみません
「たんの吸引」か…これも大切なスキルだけど…
ドヨ〜ン…
もっと大切なものもあるような…
どうやら新人介護職ならではの悩みが出てきたな
じゃ行ってきまーす
翌日…
チュンチュン
おはようございます！
あ、A君ちょっと話が…
何か？
入職3ヶ月目の定期面談だよ、今のほうがいいと思って
午前中のシフトを変更しといたから…

ポイント３　認知症の人の「口グセ」は、その人の生活観の現れでもあります。生活歴などと照らし、その人の不安・混乱を解消していくヒントにしたいものです。

ポイント４　平成24年度から介護職によるたんの吸引等が、法律上で認められました。ただし、緊張感の高い業務であるゆえに、多職種による周囲のサポートが欠かせません。

ポイント５　新人介護職の場合、入職３ヶ月めは「仕事に慣れる」と同時に「こんなはずでは」という現実も見えてくる時期です。このタイミングでの個別面談が求められます。

「介護」の仕事って何だろう…なんて考えているんじゃない？
え？、まぁ…
すごい、何でわかったんだろ
ご利用者に「明るくイキイキと」過ごしてもらいたいのに、何か空回りして…
うーん 明るくイキイキね…
「明るくイキイキ」って…
パタ…
それは誰のためなのかな？
もちろんご利用者のためですけど？
何言ってんのかな
ご本人のためなら…
人生のビジョン
明るくイキイキ
これがあるから人は明るくイキイキと過ごせる
これがわかっているんだよね
え!? あ、いや…
介護現場のご利用者は…
障がいや疾患があることによる絶望感
認知症があることによる混乱と不安
これからの人生で成したいこと
これが奥深くに埋もれてしまっている
これがあるために…
あ…
この状態で「明るくイキイキ」を求めても無理だよね
つらさや不安に閉じ込められた
その人の本当の願いに光を当てなければ…
つらさ
不安
不安
絶望
介護者が「そうなって欲しい」と願うだけのものに過ぎない
「明るくイキイキ」は、自分のための願望だったのか…

ポイント6　人が明るくイキイキとなるのはどんなときか？　自分の心理を振り返ってみると、そこには将来に向けた「希望」や「ビジョン」が存在していることがわかります。

ポイント7　認知症の人が笑顔を見せるのは、その場にいることの安心感や身近な人への信頼感が築かれているときです。職員の表情や言動ひとつで、それが揺らいでしまうこともあることに注意しましょう。

ポイント8　リハビリに限らず、本人自らが「しよう」という気になることで、様々な介助場面でも本人の協力意識が芽生えます。それが介護職の負担を減らし、さらに「している生活」が増えるという好循環を生みます。

ポイント9　その人の「つらさや苦しさ」は、日常生活の流れの中で常に浮き上がってきます。生活の流れを見ることのできる支援者こそ、それに気づく重要な立場と言えます。

例えば、リハビリも同じ…
リハビリは本来「させる」ものではなく、その人自らが「する」もの
「こうありたい」という本当の願い
これが、表に出てくるかどうかで、機能向上の効果も変わってくる
重度者のリハでも「本人の心」のあり方次第で協力的であるかどうかに差は出る
…となれば介護職の役割は何かな？
えーと…
こーゆーことですかね？
ご利用者の不安やつらさに思いを寄せ
閉じこめられた願いを一緒に掘り起こしていく
お、いいぞ、いいぞ
それを生活の流れの中で実践しながら…
食事
起床
趣味
トイレ
？
利用者の思いはどこに？
介護職の役割ってすごく重要じゃないですか⁉
ご利用者の本当の願いをつかむ
これを、療養やリハビリに活かしていく

まとめ

介護職の役割は、利用者に対して一方的にサービスを提供することではありません。あくまで、その人自身が「前向きに自分の生活を築いていく」ことをサポートすること。主人公は常に利用者本人であることを忘れてはならないわけです。

ところが、介護業界に入りたての人の場合、利用者側の反応（笑顔や感謝の言葉）などを性急に求めがちです。そのために、焦りが先に立ち利用者の思いにじっくり心を寄せる余裕がなくなっていきます。利用者の真の願いをどうやってつかむか――難しい課題ですが、ここに介護の本質があると理解しましょう。

3-2

介護業務に必要な「3つの柱」とは何か？

介護職であるならば、キャリアアップの入口で身に着けたい「3つの柱」を意識しましょう

介護職としてのステップアップを図るうえで、身に着けたい「3つの柱」があります。その3つを、**①洞察力**、**②課題解決思考力**、**③自省力**と呼ぶことにします。

①の洞察力とは、その名のとおり「現場で起きていることを洞察する力」です。

介護現場においては、利用者の状態像は刻々と変化しています。それに対応することはもちろん必要ですが、「その変化はそもそも何を意味するのか」という深い部分に目をこらさないと、様々なリスクが放置されたままになる危険もあります。

例えば、微妙に食欲が低下しているという場合、まず「それに気づけるかどうか」、そのうえで「他にも変化はないだろうか（例、顔色はどうか、発語状態はどうかなど）」という掘り下げを行ない、「本人に何が起きているのか」を探ることになります。

日々慌ただしい中でも、これを実現できるかどうか。ここで洞察力がカギとなります。

②の課題解決思考力とは、①の洞察力によって課題が浮かび上がったとして、それを解決するためにはどうすればいいかを考える力と言えます。

一つの課題を解決するためには、現場の体制やサービス資源の有無、利用者をめぐる他のリスクとの兼ね合いなどとの折り合いをつける必要もあります。ともすると、「あちらを立てれば、こちらが立たず」という具合に、解決に向けて大きな壁が立ちはだかることもあります。

それでも、解決に向けて「考え抜く」ことができるか。ここで問われてくるのが、粘り強い思考力があるかどうかということです。

洞察力と課題解決思考力を活かすために必要なのは自分の足元を見定めること

①や②を進めていくうえでは、ナチュラルに物事をとらえたり、安定した思考力を発揮することができるかが問われます。

疲れていたり、感情的にイライラしていては、重要なリスクを見逃したり、課題解決に向けた勇み足などが生じかねません。

そこで求められるのが、③の自省力、つまり「いまの自分の状態をきちんと振り返ることができるか」という力です。

最大の難関は、自分の足元にあるという意識が求められるわけです。

働き続けるうえで身につけたいスキルとは？

現場業務に慣れ、職責が増えてくると、「これまでの仕事のやり方でいいのか」を振り返る時期が訪れます。さらなるステップアップに向けて必要なことは？

介護業務、3つの柱を意識しよう！
ただいまっと、あー疲れた
現場リーダーになっていろいろな仕事を任されているけど…
研修プログラム作成まで…
目先の仕事で手一杯だなー
自分の将来に向けて何を身につければいいのかな？
教えてあげようか？
ん？
ぎょ！おばけ!!
オバケはないだろ…せめて妖精とか言ってよ
で…その妖精が何の用？

ポイント1　介護労働安定センターの調査によると、介護職の「35歳未満」の比率は看護職員などと比べて高くなっています。ユニットなどで若い職員がリーダーを務めるケースも目立ちます。

ポイント2　離職者の7割以上が「勤務年数3年未満」というデータがある中、経験年数の浅い人に対する研修プログラムは、介護現場にとって大きな課題となっています。

介護業務に必要な３本柱ってわかる？
いいえ…
何で妖精が、介護に詳しいのか？
これが３つの柱
うわぁ～
洞察力
自省力
課題解決思考力
あ、それね
これもわかるけど僕らはよく「ハートの強さ」が大切とか言われたんですけど
でもさ、何のための「ハートの強さ」？「熱い心」？
フワフワ…
でも、ご利用者の課題や本人の価値観は皆違う
Aさん
Bさん
Cさん
これをしっかり把握して解決方法を見出さなきゃ…
ご利用者の生活の質を向上させるためでしょ？
例えば…認知症の人が…
支援を拒否しつづけて
徘徊をくりかえしたとして
それはなぜなのか？
を理解しなきゃ本人の混乱はおさまらないよね
こっちも一緒に熱くなってはダメだな

ポイント3
①洞察力…利用者の状態や心理、置かれている状況を察知する能力
②課題解決思考力…利用者の望むビジョンを実現するうえでの課題を解決する力
③自省力…支援者自らが自分の心身の状態を把握する力

ポイント4　人は皆、違う価値観を持って生きています。「自分がこうだから、相手もこうだろう」と自分基準で考える習慣は改めたいものです。

でも、認知症の人の多くは「自分の状態」を言葉できちんと伝えられない
不安感
混乱
……
だから…
センター方式とか使っているよね
!
だから、ちょっとした言動から、認知症の人に代わって理解する人が必要
センター方式かぁ…ちゃんと使いこなしてる？
うーん、何かやらされてる的な…
センター方式は「気づく」力を鍛え「洞察力」を高める上で有効だけど…
問題は、それを有効なケアにつなげられるかどうか
つまり、次のステップが重要
センター方式
洞察力を鍛える
課題分析
その課題を解決する力
これ？
そうか…そこで「課題解決思考力」が重要になるのか
そうそう
でも、どうやって身につければいいの？
想定される「困難な課題」を挙げてみよう。例えば…
センター方式で見てきたこと
Aさん
植木に水をやるのが習慣という人がいる
Bさん
ところが、別のご利用者が植木の葉を摘んで枯らしてしまう
さあ、どうする？
うーん…
AさんとBさんを別ユニットにする？
でも、なじみのユニットから移動してかえって混乱する恐れはないの？
それではBさんの行動の意味が無視されたことにならない？
じゃあ、植木はAさんの居室だけに置くとか

ポイント5　センター方式は、認知症介護研究・研修センターが開発したケアマネジメントの手法であり、介護職が共有すべき「5つの視点」から成り立っています。

ポイント6　異なる利用者の行動が、それぞれにとって「相反する結果」を生むというケースもあります。その中で、一人ひとりの思いを尊重するにはどうすればよいか。こうした「相反する結果」が生じがちなケースを材料に、チームで議論してみましょう。

ポイント7　PDCAサイクルは、やや中長期的に進めていくパターンとともに、現場のその時その時で進めていく短いサイクルのパターンもあります。一人ひとりの職員の頭の中で、常にPDCAを動かしていく習慣が求められるわけです。

ポイント8　自省力でもっとも大切なのは、「自分の焦り」に気づくことです。何かに焦るということは、人間の冷静な判断力を失わせる大きな要因の一つ。「自分は何に焦っているのか」を日々振り返るクセをつけることから始めましょう。

そうかー
Bさんにとっては意味のある行動かもしれないもんな…
支援側の視点だけで「問題」と断じてはダメだよね
誰にとっての問題かを考えないと
こうして深く考えていくことで、課題解決の精度が少しずつ高まっていく。PDCAのスピードも速まって、ご利用者の混乱を早く解決することができるよね
でも、ついついこーゆー自分たちの視点だけで考えてしまいがちだなー
日々余裕がないというか
そこで必要なのが「自省力」さ
何で自分はそう考えてしまったのか?
疲れてる?
余裕がない?
何か焦っている?
こーゆー分析ができる力を養うこと
これは難しそうだけど、欠かせないことだなー現場の安全にもかかわるよね
うーん
じゃ、そこから先は自分で考えてね
じゃあね〜
はっ、夢か…
でも、明日から3本柱を頭に入れて仕事しよう

まとめ

介護現場ではよく「気づき」という言葉が使われます。問題は「何に対する気づきなのか」であり、その方向性が定まっていないと、せっかくの「気づき」を業務に活かしきることはできません。

ここでは、その「気づき」の方向性について3つの柱を挙げています。気づきを洞察力に活かすことは日々行なわれているでしょう。問題はあとの2つです。課題とじっくり向かい合い、思考を重ねる中で「気づき」を得ることができるか。そして、業務にのぞむ自分の状態に「気づく」ことができるか。広い意味での「気づき」が問われています。

3-3

自分が発揮している力に気づくことも大切！

自分ならではの「能力」を見つけて育てよう！

誰しも「自分では気づかない素晴らしい能力」があるもの。それをどう見つけるかを考えます

人というのは、「表に出やすい」部分で、自分と他者を比べてしまいがちです。明るく社交性があり、仕事をテキパキとこなす——こうした能力は表に出やすいがゆえに、自分が「そうではない」と思ってしまうと大きなコンプレックスにつながります。

過剰なコンプレックスが生じると、自分に対する信頼がどんどん低下し、仕事に対してついつい後ろ向きとなります。

その結果、仕事へのモチベーションが損なわれていきます。

しかし、人にはそれぞれ天分というものがあります。たとえそれが目立たないものであっても、実は、現場では貴重な役割を担っているものです。

次ページのストーリーにもあるように、「バリバリと支援を行なう」のではなく、「謙虚に等身大を貫くこと」が、実は利用者によい影響を与えることもあります。

前者は一見目立ちやすい姿であるがゆえに、一般的な評価が高くなりがちですが、利用者の意欲を自然に引き出すという点では、後者の能力こそが貴重になるケースもあるわけです。

問題なのは、後者のような、どちらかというと地味な能力というのは、自分にとっても気づきにくいものであるという点です。

それゆえに、せっかくの貴重な能力に気づかず、それを現場で活かしきることができないままになることもあります。

相手をほめると、「自分のいい点」が帰ってくることも

そこで、無用なコンプレックスはいったん脇に置き、「目立たないけれども、自分が発揮している力はないだろうか」という点に神経を集中させましょう。

もちろん、自分で自分の能力を客観的に評価するのは、大変難しいことです。そこで、近しい人に（第三者の視点から）指摘してもらう方法を考えてみましょう。

面と向かって、いきなり「自分のいい所」を聞くのは確かに気がひけます。ただし、「まずこちらから相手をほめてみる」と、ちょうど壁にボールをぶつけたように、今度は「君こそ、こちらが見習いたい点がある」という具合に帰ってくることもあります。

相手をほめるということは、自分を見つめる一つの入口と考えたいものです。

自分が発揮している力に気づくことも大切！

介護業務は、すぐに結果の出ることばかりではありません。「自分は役に立っているのだろうか」と振り返る中で、意外な成果を上げていることもあります。

僕だって、私だって役に立っている!!
今日ね、Aさんに笑顔で「ありがとう」って言われた
え！あの頑固一徹、笑顔を見せないAさんに？
ほー
Bさん、話し上手だし…
誰とでもすぐ打ち解けるもんね…
いや〜
うらやましいよ！
いいなあ、Bさんみたいな人は…
じゃ、カンファがあるので
僕なんか話下手だし、ご利用者の前だとあがっちゃうし
会議では思うように発言できないし…
C君の意見は？
え、あー いや、その
記録も苦手だし
ここ書き直して
時々、自分なんかこの職場で役に立ってるのかな？と思っちゃう
おーい、C君もカンファ出席でしょ
あ、は、はい、今行きます

ポイント1　利用者から「ありがとう」という言葉をもらえることは、職員にとって大きなモチベーションとなります。しかし、そうしたわかりやすい意思表示以外にも、利用者は支援者に対して様々な思いを発信していることを考えたいものです。

ポイント2　「話ベタ」や「無口」な人が、イコール「情報伝達がうまくできない」というわけではありません。要はポイントを押さえた話し方ができるかどうか、また、人の話をきちんと聞けるかどうかも重要です。

では、カンファ終了です。
おつかれさまでしたー
パタン
今日も発言できなかった…
あ、C君
新人のDさんが入職3ヶ月を迎えたからちょっと飲みに行こうと思っているんだけどつきあわない？
は、はあ…
近所の居酒屋にて
Dさんは新人だけど記録の質が高いよねー
えーそんなーでも、ありがとうございます
確かに…Dさんの記録はしっかりしてるよなー
これからもガンバってね
ガンバります！
僕は2年目なのに…
この始末…
……
C先輩元気ないですねー
え、いや別に…
現場で何かあったの？
いやーDさんは優秀だなーと僕なんかより
うらやましいなーって
コト…
何言ってるんですかー、私、先輩からいろんなこと教わってますよ！
何か教えたっけ？

ポイント3　新人職員は、日々様々な不安やストレスを抱えています。いわゆる「飲みニケーション」ですべて解決できるわけではありませんが、「普段口にできないようなこと」を発信できる場を設けることは大切です。

ポイント4　C君の場合、「自分のほうが…」という自己顕示欲が強くありません。本人は気づいていませんが、こうした謙虚さそのものにも人としての魅力が隠されています。

私が入職したての頃…
さー、今日から現場だ！Eさんの栄養管理、Fさんの作業療法、よし、プランは全部頭に入れてるっと
Fさん、折り紙しましょ
Fさんの生活リハは折り紙で…とFさん折り紙得意だったはず
やりとうない！
えー、困ったなー昨日も拒否されたし…
おかしいなー生活歴では、折り紙細工の指導までしていた人なのに
C先輩⁉1人で折り紙してる
うわ〜ヘタだな
イライラ
えーと…こーやって…
……
あーすいません…
違う、違う、そこはこうじゃ
不器用じゃのー
ありがとうございます
わしが手本を見せてやる
私もやろう、おーい折り紙
すごい！Fさんだけじゃなく、いつも人の輪に入らないGさんまで
昔のようにはいかんがあんたよりはマシじゃ
ワシのほうがうまいぞ
いやー自分、本当に不器用だから…
だったら教えてもらう側に徹しようと

ポイント5　人は機械ではありません。その時々の状況によって、「過去の生活歴」と合わない言動を見せることもあります。「生活歴がこうなのだから、こういう人だ」と決めつけるのではなく、人の持つ多様性に心を配ることも必要です。

ポイント6　「この人のことを放っておけない」という思いは、その人の「何かをしよう」という積極性を高めるきっかけとなることがあります。ときには、「してもらう」側に徹することも介護職の大切な素養の一つです。

ポイント７　何らかの趣味や特技を極めている人の場合、それが「できなくなる」ことによる落ち込みが大きくなることがあります。何かが得意という裏側には、それを拒否しやすいという心理が同居している可能性にも目を向けましょう。

ポイント８　自分の長所というのは、なかなか自分で気づくことができないものです。他者からの指摘で気づくことがあったら、次はそれを意識的に活かすことを考えましょう。

でも、その時気づいたんですよ
昔のようにできない
プライド
指導者までされた方だから…
これが前向きなリハへの壁となっている
その人のつらさやあきらめの心に立たないと、支援側の押し付けになるからねー
いやー そこまで考えていたわけでは…
ご利用者にとって先輩はすごく等身大で…
はい、お茶
あ、ありがとうございます
C先輩に対すると「自分から何かしよう」という気になる
それが、ご本人の力を引き出しているんだと思います
他人の力を引き出す存在って貴重だよね
私も先輩みたいになりたいなーって思ってるんです
まったく自分では意識してないんですがー
自分も人の役に立っていた⁉
じ～ん
大切なのは意識して業務に活かすこと！
自分ならではの強みがわかればその立ち位置で仕事ができるかな？
ガンバレ！

まとめ

利用者にとって「信頼できる」「安心できる」というポイントの一つに、「自分の思いが自然に表に出せる」環境が挙げられます。そうした環境や空気を作り出すことが、介護職員の資質の一つです。これは難しいことで、単純に性格が明るいとか話上手であるというだけで実現できるものではありません。

むしろ、目立たないけれど自然体で人や物事に接することができる人というのが、大きな資質の一つであったりします。職員の仕事ぶりを評価する際には、一面的な基準ではなく、利用者の視点に立った「ものさし」を築くことも大切です。

3-4

自分の隠れた「才能・能力」の伸ばし方とは？

自分の隠れたスキルに気づき、自分でいかに評価するか。そのコツを考えてみましょう

前項で、「誰しも隠れたスキルというものがある」ことを述べました。では、自分の力でそれを表に出し、伸ばしたり評価するにはどうすればいいでしょうか。

次ページで紹介する方法の一つが、「自分の短所から長所を見つけ出す」というものです。

自分の長所というのは、客観的に評価するのは難しいものです。

短所についても同様ではありますが、「誰かに非難されたり、怒られたり」という機会を通じて反省する中で、一応は振り返りの場面に遭遇する可能性は高いと言えます。

他者が「長所をほめる」というのは、「お世辞」や「なぐさめ」といったバイアスがかかったり、そもそも人生経験の浅い人だと「ほめる」行為自体に慣れておらず、発せられる機会が少ないからです。

ここでポイントとしたいのは、人の「短所」の近くに「長所」が隠れている可能性があるという点です。

例えば、「怒りっぽい」という性格がある場合、それは「心が狭い」という短所の現れであ

る一方、何らかの不正に対して腹を立てるというケースが多い場合には、「正義感が強い」という長所の現れでもあったりします。

他者から怒られたりしたときは、とりあえずメモをとる

ただし、長所が見つかるまで短所を掘り下げるというのは、何事においても深い反省を必要とします。人間というのは、どこかで「自分を守る」という本能が働くので、そこまで「自分の過ち」などを深く見つめることはなかなかできません。

そこで、他者から何かを非難されたり、怒られたりしたときは、とりあえずそのことをメモにとっておきます。そして、しばらく時間がたってから、それを見直してみましょう。

ある程度時間がたつことで、心が落ち着いていれば、頭が冷えた状態でそれを見ることも可能になります。自分のことではあるものの、どこか「他人の眼」で見ることもできます。

そのうえで、そこにある短所を描き出すわけですが、それをじっくり見つめていると、裏側に隠れている長所が見えてくる場合があります。

短所ばかりを追いかけると自己嫌悪に陥るものですが、長所を掘り出すことで「過剰な落ち込み」から自分を防ぐことにもつながります。

隠れたスキルを伸ばして活かす！

自分の長所や実力を、自分で客観的に評価することは意外に難しいものです。隠れたスキルを見つけて伸ばすには、どうすればいいのでしょうか。

自分で「自分」を棚卸しする
あ、先輩 おはよう ございます
おはよう 難しい顔して 何読んでるの？
いや、前の項の話なんですけど…
ああ、「まんがでわかる介護のしごと」か…
「いい話だな」とは思うんですけど…「自分のいい所」なんてそうそう他人から聞くチャンスはないよなーと
確かに…
…と言って、自分で「長所」と思っていても客観的な評価は低かったりするもんね
あ、主任 おはよーございます

ポイント1　自分の評価を他人に聞くというのは、そのチャンスがないわけではありません。ただ、「聞きたくない」という思いが機会を遠ざけていることもあります。

ポイント2　たとえば、「自分は世話焼きである」ことが長所だと思っていても、他人からみたら「おせっかいが過ぎる」と見られていることもあります。

と、言うわけで、
ああ、なるほどねー
例えばさ…「短所の近くに長所あり」とも言うよね
ぽか〜ん
わかんないかなー
？？？
つまり、人の個性っていうのは表と裏があって
同じ個性
自分はこっちしか見ていない
でも、人によってこう見る場合も
もちろん、逆の場合もあるけど
普通の人は「自分の短所」なんて意識したくないから…
見たくない〜
自分の長所に気づく範囲も狭くなる
そりゃそうだね
だけど…それでは介護業務は務まらない…
えーどうして？
介護は…
支援者
利用者
ではなく、次のような協働で成り立つものだからさ…
支援者
利用者
ご利用者の把握だけでなく
自分のことも把握しなきゃよりよい介護はできない
介護事故の防止でも「支援者側の要因」を知ることが大切というのがあったなー
そこで…自分を鍛える一つとして

ポイント３　介護業務というのは、いわば利用者とのキャッチボールのようなものです。自分の投げた球がとんでもない方向に行ってしまえば、利用者はその球をキャッチして投げ返すことができません。つまり、自立支援にはならないわけです。

ポイント４　「自分の投げた球がどちらに行くだろうか」ということを意識してこそ、介護職としてのスキルを高める一歩が始まります。

携帯しているメモで、「気づいた自分の短所」を記しておこうー！
研修の一環としてモデルになってね…
それはきついな…
お前のせいで俺までやらされることになったぞ
でも、本当に「短所＝長所」なんてことあるんスかね
おーい申し送りやるよ
申し送り後…
えーと、Aさん、Cさん、Eさんに午前中の水分補給…と
はい、Aさんお飲み物を…
こら！
このテーブルはわしが一番先って言っただろーが！
そ、そうだった…
バン！
わからないやつだ！仕事ができないんなら、こっち来るな！
そんな言い方ないだろっ
あらあら今日は、Aさんどうしたの？
はっ！
いかんいかんすぐにムカッとくる性格が…
あんたは気がきくな
こんな短所のそばに「長所」なんてあるのかな？
ああ、あなたちょっと…
メモメモ…
あなたも大変ねー
あなたは仕事ができる人だから落ち込まないでね
いやー、そんなーありがとうございます
あれ？

ポイント5　現場でメモをとる（あるいはスマホのメモ機能を活用する）ことは、介護職として欠かせない業務の一つ。ただし、メモをとるタイミングで注意力が低下する恐れもあります。歩きながらスマホを見ていて、人にぶつかるというケースがいい例です。注意力を維持しつつ、メモをとるという訓練を積んでみましょう。

ポイント6　こうした人を「問題のある困った人」と受け取るだけでは、支援者としては失格です。その行動の裏にある「寂しさ」や「つらさ」を理解し、その人の自尊心の強さとしっかり向き合うことが大切です。

ポイント7　自分で自分の性格分析などをしたら、それを他人に思い切って話してみましょう。意外な評価（短所と思っていたことが、意外にそうでもないなど）が帰ってくることもあります。

ポイント8　相談員の業務は、「悩み事を聞く」だけではありません。その人の中にたまっていた思いをぶつけてもらうことで、気分を落ち着かせる効果もあります。ただし、自分の言動でさらに激高してしまう人もいるので、共感の姿勢をしっかり身に着けましょう。

何か、スッキリしちゃった
そうか…要するに自分は単純なだけか
瞬間湯沸かし器だけど、立ち直りも早い…と
ピ〜
性格が単純
物事を引きずらない
回復が早い
他の職員がダメージを受けやすい「怒られ役」ができる！
昼休み
…てなことを考えたんですけど
ああ、それなら他の職員も言ってるよ
うんうん
B君は、なぜかクレームの受け役が多いけど…それで皆の防波堤になってるって…
ご利用者もB君には言いやすいんだって
それって…
クレーム言った後で落ち込んだままになる人にはご利用者だって気を遣うんじゃない？
そーゆーもんですかねェ
立ち直りが早いということは冷静な振り返りがしやすいということで…意外と相談員向きかもね
相談員に向けて社会福祉士の勉強をがんばってみますか

まとめ

ここでは「短所＝瞬間湯沸かし器」→「長所＝立ち直りが早い」という例を挙げましたが、他にも短所と長所が表裏一体となっているケースがあります。

たとえば、「注意力が分散しやすい」という短所があるとして、実は「広い視野で物事を見ることができる」ことの裏返しであったりします。

問題なのは、短所のほうが先に目立ちやすい傾向があることです。ある人の短所が見えたとき、それだけでその人を評価するのではなく、それが何かしらの長所につながっているのではないか——という見方が必要です。他者を評価する難しさを理解しましょう。

3年後、5年後の自分の姿をきちんと見定めよう

介護のキャリアパスが整理される中、自分の将来像とその道筋をもう一度考えてみましょう

平成25年4月より、ホームヘルパー2級の養成研修が廃止され、代わって「介護職員初任者研修」がスタートしました。また、介護職の国家資格である介護福祉士の養成課程にも、実務者研修が入るなど変更が加えられました。(ただし、施行は平成28年度から)

さらに、介護職であれば一つの到達点と目されるケアマネジャー(介護支援専門員)についても、主に平成27年度に施行される介護保険制度の改正に合わせ、受験資格などの見直しが行なわれる予定です。介護福祉士の上位資格が設けられる話もあります。

このように、介護をめぐるキャリアパスが大きく再編成されようとしています。

ただし、どのような再編が行なわれようとも、「自分の職業人生を自分で切り開く」という基本は変わりません。

介護の仕事を通じ、自分が目指そうとしている目標を見定め、その道筋に向けて必要なスキル、求められる資格を取っていくという流れになります。

注意したいのは、「自分はこんな目標を目指したい」といったとき、それが本当に「目指し

たいもの」なのかどうかという点です。

例えば、同僚のみんなが目指すから……という具合に、周囲に流されていることはないでしょうか。

日々の業務を通じ、自分の目標を肌で感じ取る習慣を

確かに、周囲に影響を受ける中で、自分の「やりたいこと」が目を覚ますこともあります。何か資格を目指して勉強する中で、その知識から新たな魅力を見つけることもあるでしょう。しかし、「自分には何となく合わないかも」という意識を持ったままですと、仕事も勉強も前向きにはなりにくくなります。その結果、途中で挫折しやすくなってきます。

大切なのは、頭だけであれこれと考えるのではなく、日々の業務を通じ、自分の肌感覚で向き・不向きを感じとる習慣です。前項の「自分の長所」探しでもそうですが、実際の業務の中で、自分の隠れた能力が発揮されているシーンというものがあります。

そこには当然、よりよいリターン（利用者や同僚からの評価など）があるはずです。それをじっくり見つめる中で、「こういう仕事を目指そう」という方向性が見えてきます。

介護のキャリアアップ、自分に合った方法は？

介護職のキャリアのあり方が大きく変わってきています。自分の将来像をきちんと描くために、どこに着目すればいいのか。ここで整理してみましょう。

3年後、5年後……
私は、
どうなってるの？
ジャンプ！
ステップ！
ホップ！
ねぇ
久々のデートだっちゅーのに、何読んでんだ？
ヘルパー2級っていつの間になくなっちゃったの？
ガイドブック見てたのか？
はァ？
2013年4月からその代わり「介護職員初任者研修」がスタートしたんだ
私もヘルパー資格とろうと思ってたのに
130時間
研修時間はヘルパー2級と同じだよ。修了試験が新たに加わったり、若干の違いはあるけど…
はい
で、取得後はどうなるの？ヘルパー1級研修や介護職員基礎研修も廃止されたんでしょ？
要するに介護のキャリアパスが整理されたのさ

ポイント1　すでにヘルパー2級の研修を修了している人は、介護職員初任者研修を修了したものと認められ、新たに研修を受ける必要はありません。

ポイント2　全過程の修了後に筆記試験が行なわれ、修了評価を受けることが必要です。試験というと腰が引けてしまいがちですが、研修で学んだことをきちんと復習していれば誰でも十分にクリアできます。

ポイント3　右の図での介護福祉士になる流れは、実務経験ルートのものです。

ポイント4　介護福祉士の取得方法が平成27年度から一元化される予定でしたが、これがさらに1年延期されることになりました。

ポイント5　たとえば、現場業務を評価する立場となる「アセッサー」の場合、レベル4以上であることが必要です。ただし、当面の間、アセッサー講習を受ければ、レベル4以上でなくても「アセッサー」となることが可能です。

こんな感じだね
認定介護福祉士
モデル研修を2014年に実施
介護福祉士
実務経験３年
＋
実務者研修
＋
国家試験
介護職員初任者研修
介護福祉士になるための実務者研修があるんだ
で、この「認定介護福祉士」というのは何？
現場指導やチームリーダーに求められる上位資格というところかな？
こういう資格上のステップアップとは別に、２０１２年４月から「キャリア段位」制度も導入されているよ
キャリア段位？介護福祉士とかの資格とどう違うの？
資格を持っていても…
私は現場でコレができます！
ということの証明には必ずしもならない
だから…現場での実践を
客観的に評価するその「ものさし」がキャリア段位というわけ
じゃあ、「段位」ということはレベルの段階があるわけね
７段階ね。エントリーレベルだと１～４
つまり、介護福祉士を持ってる人はこうなるわけだ
介護福祉士
わかる
＋
キャリア段位１～７
できる
これで、「わかる」と「できる」の両方が評価されるわけ

3-5

でもさー介護現場ではその他にも、いろいろな資格を持った人がいるよねー
それぞれ役割は違うけどね。認定資格だっていろいろあるよ
認知症ケア専門士
福祉住環境コーディネーター
福祉レクリエーションワーカー
どの段階で何を取ればいいのー⁉
そりゃ、その人のキャリアビジョンによるよ
キャリアビジョンって自分が将来どうなりたいかって「夢」のことよね
介護の達人
バーン!!
うーん、単なる「夢」とはちょっと違うな
こんな感じかな？
今進んでいる道が「していること」（目の前の業務）
自分の今の能力（できること）をエンジンとすると
その先にある目的地が将来のビジョン（したいこと）だね
とにかくここを目指すわけよね？
でも…目的地まで行けるだけのエンジンが整備されてなかったり…
あれ？
進んでいる道が目的地につながっていなかったり…
プスン プスン…
今の自分の「できること」「していること」を把握しないとダメなのね

ポイント5　たとえば、介護現場で注目されている資格の一つに「音楽療法士」があります。音楽を通した心理療法により、認知症の人のBPSDの緩和にも効果があると言われます。現場での「必要性」に応じて、勉強する機会を持ってもいいでしょう。

ポイント6　日々の業務を通じて、「今、自分にはどのような実力が身に着いているのか」をしっかり自覚することから始めましょう。

ポイント7　たとえば、認知症対応が十分にできているかどうかは、その場の利用者の反応だけでは評価しにくいこともあります。本人の前後の生活の様子など、少し長い目で見て「自分のしていることの評価」を確立しましょう。

ポイント8　各都道府県には、介護実習（普及）センターが設けられ、一般向けの介護講座なども実施されています。こうした機関に足を運んで、情報を得てみてもいいでしょう。

十分なエンジン確保の一つに資格取得がある
でも、エンジンにもいろいろな種類があるわけで、山道行くのに平坦用エンジン積んでもダメっしょ？
取ればいいというものではないよね
はい
ま、目の前の仕事を一所懸命やりつつそれを「している」自分を冷静に振り返ることがまず必要…と
ほー、でA君は、それがきちんとできている？
な、なんだよその目は…僕だって日々考えてますよ
え!? まだ食うの？
その日、自分が手がけたケアのシーンを振り返って自分が「できていた」こと、「できていないこと」を整理する
自分の得意、不得意を知ると…
僕の職業人生はまだまだこれから、焦らずにビジョンをじっくり描くのさ、資格なんてまだ先…
ホー…A君のかばんの中にはこんなものが…
資格ガイド
ま、日々考えているのは認めてあげるわごちそうさまー
ちょ！いつの間に…
○○○○円です！
資格ガイド
え〜

まとめ

キャリアの道筋が変わってくると、「それに合わせる」ことが第一になってしまいがちです。しかし、もっとも大切なのは、「今、自分がしている仕事」を冷静に振り返ること。その自分なりの「仕事の道筋」の延長に、長く仕事を続けるためのヒントが隠されています。

介護現場は常に慌ただしいため、目の前の仕事に振り回されてしまうこともあるでしょう。そうした中でも、一歩立ち止まって「自分は介護職としてどのようにありたいのか」を考える時間を持ちたいものです。客観的になりきれないときは、同僚や先輩から助言を受けることも大切です。

3-6

スキルアップの種は自分の足元にある!?

日々様々な研修機会がありますが、今やっている仕事にも成長を促す教材が隠されています

上昇志向の強い人の場合、自分のスキルを高めるために、様々な研修を積極的に受けようとします。

それ自体はとてもいいことですが、一方的に研修を受けるだけではなく、日常の業務から「何かを学び取ろう」という姿勢も同時に求めていきたいものです。

理想的には、①現場の業務を通じて課題に気づく→②課題解決のためにまずは独学で調べてみる→③研修を通じて課題解決の知識を固めていく、という流れが望まれます。

自分が立てた問題意識からスタートすることで、地に足のついた知識が身に着くからです。

この点を考えたとき、①の「現場で課題に気づく」というスタート地点が非常に大切です。

なぜなら、「その知識がなぜ必要なのか」という問題点があいまいでは、研修などを通じて勉強する場合でも、どうしても受け身の姿勢になってしまいがちだからです。これでは、せっかくの研修も「何となく聞き流してしまう」ことになりかねません。

貴重なお金と時間を、無駄に費やしてしまうことになるわけです。

日々の業務の中で、自分自身の「支援計画」を頭に描いてみる

日々の業務から問題意識を引き出すには、利用者の支援計画を立てるような思考の流れを、自分自身にも当てはめてみるといいでしょう。

利用者の支援計画（ケアプランや個別サービス計画など）を立てるうえでは、①その人がどうありたいのか、②①に向かううえで壁となっている課題は何か、③②の課題を解決するためには何が必要かという、おおまかな思考の流れが必要です。

これを自分に当てはめてみたとき、①自分が求めている仕事の姿とは何か、から始まり、①を実現するための②→③という流れになるわけです。

例えば、利用者の移乗や移動を介助する場合、「利用者本人が自らすすんで動作を起こす」ことを通じ、単なる介助だけでなく「自分でできることを増やす」方向で支援をしたいとします。そのために、利用者の心理状況などを理解する技術が足らないとして、高齢者や障がい者の心理についてもっと勉強しよう――という具合に、スキルアップの方向性が見えてきます。

研修だけじゃない!
現場で学べることは?

必要はキャリアの母……などという言葉はありませんが、業務に必要な実力を高めていくためには、日々の業務の中で見つけ出すということも必要です。

教材は「灯台の下」にあり!?
キャリアの素
外部研修がまた貼り出されてる
掲示板
本当は僕も行きたいけどフロアリーダーを任されてるからその余裕もないや…
○○さんこんにちは
事故防止委員会の幹事も任されたし…
新人が辞めて夜勤シフトも増えたし!
会議室
とにかく目の前の仕事、仕事…
どしたの?
ためいきついちゃって
あ、いや何でもないっス
ならいいけど…
今日の委員会のテーマなんだけど…

ポイント1　様々な外部研修に参加する場合は、他法人の人とも知り合いになることで、横のネットワークが広がりやすいというメリットも意識したいものです。

ポイント2　法人内には、多職種が参加する様々な委員会が設けられています。こうした委員会には積極的に参加して、仕事への視野を広げたり、他職種とのコミュニケーションを鍛える機会としましょう。

ポイント3　立位補助機のほか、移動用リフトや昇降機など、介護職員の身体的な負担軽減や腰痛防止に効果がある機器やロボット類について、国から助成金が出されています。現場からも「こんなものがほしい」という声を積極的に上げていきましょう。

新人が増えて立位介助時のヒヤリハットが増えているよね
はあ…
そうそう頭の痛い課題だなー
新人の増加
＋
重度利用者の増加
そこで、この施設でも立位補助リフトを導入することになったんだ
明後日、メーカーの人が来て、使い方の講習やるから出てくれない？
バン！
え！、は、はい…
えーと、今日は「ヒヤリハット」記録の新シート案をとりまとめて
ヒヤリハット
うひゃ〜
夜勤明けで、リフトの使い方講習かー
じゃよろしく〜
当日…
…で注意点は…
ふーん、
このリフトを使うことで…
腰痛リスクってこんなに高いんだ…
もう少し腰痛予防について調べてみよう…
確か、厚労省が「腰痛防止」のパンフ出してたよな…
厚生労働省
ただいまー
腰痛に対する知識の普及とリフト導入をリンクさせれば…腰痛防止効果はもっと上がるな

ポイント4　中央労働災害防止協会は、厚労省からの委託を受けて「介護業務で働く人のための腰痛防止のポイントとエクササイズ」という冊子を発行しています。厚労省のHP内からダウンロードできるので活用しましょう。

翌日…
これも…あれも…
腰痛予防総合計画だー
あれも…これも…
そうだ！スライディングシートとか、その他の用具ももっと提案してみよう…
福祉用具カタログ
委員会にて…
…とゆーことで
リフト導入を機会に、腰痛予防計画を進めたいと…
いやーよくここまでのものをまとめたね
いやーおかげで完全な寝不足で…
あの
専門のインストラクターを招いて、腰痛予防教室を開くのはどうでしょう
うん、それもいいね
…で、結局僕が交渉係か
わかりました、家でもできる簡単な方法がいいですね
よろしくお願いします
なぜ、腰痛になるか…
これも勉強になるな
ふんふん
ふと思ったんですが、腰痛のあるご利用者の生活ケアにも活かせますね
そうですね、クッションの使い方とか

ポイント5　業務上の腰痛発生件数をみると、全産業を通じて近年は減少傾向にありますが、介護現場を含む保健衛生業に限っては横ばいの状態が続いています。また、腰痛を患う人の５割が入職３年未満というデータもあり、新人の離職リスクにもつながっています。

ポイント6　腰痛は業務環境のあり方が大きくかかわっています。例えば、狭い環境での介助行為などを行なうと腰痛リスクが高まります。また、室温や照明などの環境も腰痛の発生を左右することがあります。様々な視点で環境チェックを行ないたいものです。

ポイント7　実務の中で学べるテーマとしては、他にも「日常の生活動作の中で、利用者のADLを向上させる介助の方法とは？」「認知症の人のBPSDを少しでも緩和する声かけとは？」という具合に、様々なものが考えられます。

ポイント8　職員の自発的な工夫などをきちんと評価し、給与査定などに活かすことができるかどうか。これも現場のモチベーションを高める課題の一つです。

…てなわけで
すごいねー もう立派に腰痛予防ハカセだね
業務を離れての研修もいいけど、こういう実務の中で学ぶのもいいでしょ
そういえば集合の座学とかだと、すぐ寝ちゃうなあ
実務の中で学べば…
覚える
すぐ試せる
すぐに改善
すぐ評価できる
忘れちゃう前に、こういうサイクルに乗せられるよね
PDCAサイクルに似てますね
しかも、関心のあることは、自然に調べようとか思えますね
実務から出た課題は、「必要性が高い」という実感があるからよ
新人の離職防止とか
今回の件で君の査定も上がったみたい
いやー、こーゆーメリットもあるもんだ

まとめ

大切なのは、日々の業務の中で「なぜだろう？」「もっと知りたいな」という好奇心を高めることです。業務負担が高まってくると、つい忙しさに流されてしまいがちですが、物事に対する感度まで鈍らせてしまうと、仕事へのモチベーションも低下してしまいます。

感度を鈍らせないためには、「とにかく目の前のことを処理しなければ」という焦りを意識的に抑えることです。人ができることには限界があり、心ばかりが焦っても結果はなかなかついてきません。焦る心を抑え、平常心を鍛えると、新しいアイデアなども浮かびやすくなります。

3-7

疲れや寝不足の解消、ちゃんとできている?

体調管理もしごとのうちであることを忘れずに

夜勤等の重労働も多い介護職としては、心や身体のメンテナンスにも気を配る必要があります

介護業界というと、慢性的な人手不足が社会問題にもなっています。いきおい介護職一人あたりにかかる負担も大きくなりがちで、特に夜勤などが増えてくると体内サイクルも狂いがちになり、体調を崩しやすくなるケースも増えるでしょう。心や身体の状態が不安定になったとき、その介護職の健康問題もさることながら、集中力の低下や腰痛や肩こりの発症により、業務自体に支障が起こりかねません。これは、利用側も危険にさらすという点で、組織全体の問題にもかかわってきます。

この点を考えたとき、自分の身体のメンテナンスに気を配ることは、介護職にとっての「大切な業務」の一つと考えるべきでしょう。プロとしての自己管理という点から考えた場合、「気合で乗り切る」といった精神論だけでは通用しないのが介護の現場です。

必要なのは、仕事がオフの状態であっても、オンになった時に備えた習慣を身に着けることです。

例えば、睡眠のとり方、疲れのとり方、栄養補給など、次の仕事に向けてどうすれば体調を

万全に整えることができるかを工夫することが必要です。

周囲の同僚などから「オフの過ごし方」をヒアリング

しかしながら、ストレスや疲れがたまっていると、かえって睡眠が浅くなるといったこともあります。

寝つきをよくしたいあまり、つい深酒などをして、それがますます睡眠の質を悪くしたり、体調を崩すもとになるケースも少なくありません。

そこで、普段から周囲の同僚などに、体調管理のための工夫について実践していることをヒアリングしておきます。適度な運動や半身浴、アロマテラピーなど、「この人はこんなことを実践していたのか」と思うような工夫も出てくるはずです。

そうした工夫を、例えばチーム内で貴重な情報としてストックし、共有してみてもいいでしょう。オフでの過ごし方はプライベートな話になるので、普段はなかなか表に出ることがないかもしれません。組織の財産として意識的に共有を図ることも必要になります。

仕事のオンもオフも、一つの生活の流れとしてとらえていきたいものです。

疲れや寝不足の解消、ちゃんとできている?

介護職の心身が万全でなければ、介護事故などを引き起こす危険も高まります。体調等の自己管理も、プロとしての大切な心得という自覚を持ちましょう。

体調管理も仕事のうち!?
メンテナンス中
では、以上で朝の申し送りを終わります
フワァ…
夜勤明け
あ、A君ちょっと
は?
最近、夜勤が多くなってるけど体調は大丈夫?
一応、現場リーダーだし
まあ、何とか…先月、2人も辞めちゃったから、仕方ないスよね
ガタ…
来週、産休明けでBさんが戻ってくるし、中途採用の人も入ってくる予定だからもうちょっとがんばってね!
はあ、ありがとうございます
あ、Aさんお疲れさまです。明日、夜勤明け休日ですね
ああ、しっかり休むよ…じゃ、今日明日よろしく

ポイント1　夜勤と早番、早番と遅番などシフトの変わり目では、できる限り「業務時間」をダブらせることが理想です。実際の業務の流れの中で、利用者の状態を一緒に確認することが、質の高い申し送りにつながります。

ポイント2　労働基準法では、1週40時間が労働時間の原則です。ただし、労働時間が変則的になりがちな場合には、1ヶ月以内の総労働時間を平均し、1週40時間を超えないような勤務形態にすることが必要です。

ポイント３　夜勤明けで太陽の光をあびてしまうと、帰ってから暗幕カーテンなどを引いてもなかなか寝付けないことがあります。帰宅途中でもサングラスなどをかけるといった工夫が望まれます。

ポイント４　寝つきをよくしようとアルコールを摂取すると、睡眠が浅くなって余計に睡眠サイクルが狂ってしまうことがあります。

帰宅後…
う〜ん
う〜ん…
だめだ、すごく疲れているのに眠れない
ガバッ
PiPi
夜勤時の緊張で、頭だけ覚めているのかなー
おーごぶさた、え？今晩飲み会？
そうか、アルコール入れれば寝つけるかな？
カンパーイ
現場はどーよ
いやー
彼女はできたの？
その夜…
は！
うひゃー、まだ夜明け前だ…
う〜気持ちわる〜
結局、酒が抜け切らない
眠りも浅いし…体内サイクルが狂ってるのかな
あ…おはよ…
何か顔色が悪いっ？
フラフラ

え、なかなかしっかり眠れない？そりゃよくないなー
どーしたものかと
睡眠不足は肩コリや腰痛の原因にもなる、血流が悪くなるからね
えー、そうなの？
それから深酒すると余計に眠りが浅くなるのよ
安眠するなら、こんなことも考えては？
夜勤明けの過ごし方
帰宅後、疲れて何もする気が起こらなくなる前に…
①近所を軽く散歩し、体内に酸素をとりこむ
②ぬるま湯でゆっくり半身浴
③寝る時は、暗幕カーテンに加えて、軽くアロマを焚いたり
④朝、起きたら身体を動かし、朝食をしっかりとる
⑤休日はできるだけ外出し、時には汗を流すこともする
安息と運動のメリハリが大切なんですね
運動すると血流がよくなって、頭に上ってる血が下がるしね…
でも、こういう生活習慣って築くの大変だなー
きちんと身体のメンテナンスをするのもプロの仕事！体調が悪いと、事故も増えるし、ご利用者の不利益にもなるでしょ

ポイント5　睡眠不足によって血流が悪くなると、筋肉内に疲労物質がたまり、それが腰痛や肩こりを呼び起こすことになります。

ポイント6　ただし、睡眠前に激しい運動をすると、体温が下がりにくくなり、かえって寝つきを悪くすることも。軽い散歩であっても、睡眠前２～３時間の余裕を。

ポイント7　就寝前の「ぬるま湯」浴は、38℃程度のお湯が理想です。熱い湯やシャワーは身体に刺激を与えることで、覚醒してしまうこともあります。

ストレス解消のために夜勤明けだー！休むぞーってなると、つい生活も乱れがちに…
あまりストレスたまってるように見えないなー
大切な休みと考えれば、右頁の①～⑤の習慣はそれこそ欠かせないでしょ
それは、そーなんですけど…
まあ、自分に合ったやり方を見つけるのが、一番ね
？
え？私の安眠法とかストレス解消法？
私はヨガかなー3年前からやってて
家族会の時にインストラクターやったりしてますね
私は料理好きだから、帰宅したら仕込みして…
僕はスポーツクラブ通ってます
へー！みんなすごい！
結構、現場のケアとかに活かせる習慣もあるんですね
何気ない日常生活もキャリアに結びつくもんだよ

ポイント８　ストレス解消の方法は、人それぞれ。脳に過剰な刺激を与えないような趣味を見つけて、いろいろ試してみるといいでしょう。（ゲームなどは脳への刺激が強いので注意）

ポイント９　心身を落ち着かせることのできる趣味は、それを活用することで現場のケア（認知症の人のBPSDを改善するなど）に活かすことも可能です。

まとめ

自身の体調というのは、プライベートでの生活が大きく影響します。ただし、プライベートで「新しい習慣」を取り入れようと思っても、それがいつもの生活の中で自然に根付かなければ、三日坊主で終わってしまいます。

同僚や先輩がどのようにプライベートを過ごしているのかに耳を傾けつつ、自分の生活の中で無理なくできることを取り入れてみましょう。一番いいのは、自分にとって「楽しみながらできる」ことです。例えば音楽を聞くことが趣味であるなら、ヒーリング音楽を聞きながら寝つきをよくするなどの方法が考えられます。

3-8

チームで学んで、みんなで伸びる！

仲間とともにできることを考えよう

一人で何かを学ぶよりも、仲間同士で支え合って学ぶことで成長を加速させることがあります

介護現場には、上司や同僚など身近な仲間がたくさんいます。カンファレンスなどを通じ、異なる事業所の異なる職種の人たちとも付き合うケースは多いでしょう。

しかし、「公の情報共有」はしっかり進めているのに、こと「自分のスキルアップ」という点になると、教えたり・教えられたりという関係がなかなか築けないこともあります。集団研修の場などでは、多くの人々と顔を合わすことになりますが、結局「その場だけ」のつながりになったりします。

これでは、せっかくのつながりが十分に活かせません。

もっとも、いくら気心が知れた仲間同士でも、「こういう時はどういうケアの工夫が必要か」などを面と向かって話し合うのは気恥ずかしいものがあります。

オフの飲み会などでも、職場のグチを言い合うだけになってしまい、「ケアの工夫」などを話題に出した瞬間に、「オフの時まで仕事の話を出すのはやめよう」という空気になりがちです。（個人情報の保護という点でも、「オフに仕事の話はしない」ことを事業所として決めている

ケースもあります）

耳で聞くだけでなく、目で見たり身体で体感する工夫も

こうした空気を変えていくには、何らかのツールが必要です。

次ページのストーリーでは、ヘルパーの待機・休憩場所にベッドを置くことで、「話の流れの中で出てきたことをすぐ実践できる」という環境を整えています。

また、ケアの様子などを動画や写真でストックしておくことで、視覚面から「学ぶ」機会をサポートしていくという方法もあります。利用者のプライバシーなどはしっかり管理する必要はありますが、逆に言えば、そうした「守秘義務の気遣い」を鍛える機会にもなります。

実は、日々の雑談の中でも「ケアの質の向上」に資する話題は随所に出てくるものですが、雑談の中だけでは「何となくスルーされて終わり」となりがちです。それを実技環境や五感に訴える材料を整えておくことで、深く突っ込むチャンスにつながるわけです。

また、身体を動かしたり、目で見たりすることは、その場のアドバイスなどを「脳にすりこむ」うえで強い効果があります。話を聞くだけでは忘れてしまいがちになることを、どうすれば刻み込むことができるか――そんな工夫を考えてみたいものです。

チームで学んで、みんなで伸びる！

1つの課題にみんなで取り組むことは、様々なアイデアを持ち寄る機会となります。
1人ではまったく気づかなかったことを発見する可能性も高まります。

ヘルパー事業所待機中…
ガチャ
介護用ベッド
?
?
?
仲間がいるからやれることも！
今日からここで簡単な実技ができるよ
研修室なら別にあるのに
どうしたんです？それ
できた〜
休憩時間でも、ここで、アイデアを出し合えるようにしたわけ…
まあ、言葉だけであれこれ言うより実際にやってみたほうがいいけど
在宅のご利用者がどんどん増えている中、ベッド上でできる機能向上がますます重要になってるでしょ？
それはまあ…

ポイント1　ヘルパーの待機時間を業務外としているケースが目立ちますが、こうした時間も研さんにあてることで、事業所のサービスの質を向上させることにつながります。ヘルパーの常勤化をはかることの大きなメリットと言えます。

ポイント2　平成24年度の報酬改定で、訪問介護と訪問リハビリが連携しての機能向上連携加算が誕生しました。利用者の機能向上を目指したサービスのあり方が、ますます問われる時代になりつつあります。

ただいまー
あ、ベッドがある！
お帰りー
あ、お疲れ
僕たちの昼寝用？
ところで Aさんの様子はどうだった？
違うよ、何だそりゃ

ポイント3　あらゆる介助行為においては、利用者自らが「しよう」という姿勢を引き出せるかどうかで、ヘルパー（家族も同様）にかかる負担が大きく変わってきます。

あー やっぱり移乗介助のやり方考えたほうがいいスね
協力動作の問題だっけ？
車いすからベッドに移乗してもらうんですが
なかなか体重をあずけてくれないので
すごく力が必要な介助に

ポイント4　重心移動の訓練を行なうだけでも、「自分でできる」範囲は大きく広がってきます。こうした部分でリハビリ職の知恵をあおぐといいでしょう。

いろいろな声かけで緊張をほぐしたり…
重心移動だけ最初やってみたり
試してはいるんですが…
通所で重心移動の訓練とかやってくれるといいんだけど
ご本人が通所嫌がっていて、ケアマネもあまり強く勧めていないし…
今は訪問介護だけ…

ポイント5　スマホなどの動画撮影も、最近はずいぶんと画像がクリアになっています。メモリに落として、事業所の大画面ＰＣで確認するとよりわかりやすくなります。（情報漏えいに注意）

来週、私が同行して、ご家族やケアマネと話してみるね
ぜひお願いします
実はご家族にお願いして、介助の様子を動画に撮ってもらいました
ＰＣで観てみようか
お！すごいじゃん！

ふ〜ん
ご本人に恐怖心がそれほどあるようには見えないなー
背筋や腹筋の弱さじゃない？
介助者の立ち位置をもうちょっと工夫してみては？
百聞は一見にしかず… とりあえずやってみよう
おー！
さっそくベッド導入の効果が…
で、どうだった？
まだ、これといった妙案は出ないんですけど…
それより、いろんな発想があるんだなーというのに気づきました
ちょっと肩をさすってあげると、緊張が解けたりするよ
他にもいろいろ…
ご本人の好きな歌を一緒に歌ったり…
足上げ訓練で少しずつ筋力をつけてみては…
普段、会話だけではなかなか出てこないのに…
実技を通じると途端にいろいろ出てくるもんですね
でしょー

ポイント6　利用者が入院して、一時的に安静な状態に置かれざるをえない場合、その間に背筋や腹筋が弱って「座位が保てない」という状況も起こりえます。

ポイント7　ボディタッチ一つで筋肉の緊張がほぐれ、可動域が広がるケースもあります。どうすれば「緊張感がとれる」ようになるかを、仲間同士で試してみましょう。

ポイント8　歌など「声を出す」機会を設けることで、腹筋が鍛えられたり、ストレスの発散から免疫力が高まるなどの効果を得ることもあります。

ポイント９　動作がともなうことで「記憶が呼び覚まされる」ことがあります。これは認知症の人に対するケアでも応用することができます。

ポイント10　現場での工夫をデータベース化すれば、事業所としても大きな財産となります。事業所内研修でも活用することができます。ただし、パスワードなどの管理をしっかりと。

身体と脳はつながっているからねー
実技を通じることで普段、表に出ない体験談とかすっと出てくることがある
同じ雑談でも質が違いますね
そうか!
何してるの?
今日出てきたアイデアをPCに蓄積しておこうと思って…検索かけて後で使えるようにする
例えば、今回のように「ご本人の協力動作がなかなか得られない時」というテーマで検索すれば
参考になるアイデアが見つかるかも
ヘルパーって基本、単独訪問だから…
現場で他の人がどうやっているのか気になるよねー
じゃ、同行訪問の時は、動画や写真も積極的に撮ろうか
訪問介護だって、チームで伸びていくことができますね
訪問介護の質が問われる時代に大切なことだね

まとめ

訪問介護のように「ヘルパー単独での業務」が多い場合、現場で何かしらの悩みごとがあっても、誰にも相談できずにそのままにしてしまうことが起こりえます。仮に業務記録などで報告をしたとしても、事業所側からのリターンの仕組みが整っていないと、解決が遠のいて現場の負担は高まるばかりです。

大切なのは、上司や同僚が顔を合わせて課題を明らかにし、皆で話し合う環境です。「自分と同じ悩みを持っている」という仲間を見つけるだけでも、業務への不安感はやわらぎます。時間をおかずにそれを実現できるようにしたいものです。

3-9

介護現場の外にもスキルアップの種はある

オフの日はできるだけ外に出てみましょう。自分を成長させるチャンスが意外に多いものです

オフの日は、誰しもプライベートな時間に専念したいものです。次のオンの時に備えて、しっかり気分転換することも確かに大切でしょう。

しかし、そんなプライベートな時間の中にも、実はスキルアップのための材料が隠れていることがあります。

「オフの時まで仕事のことは考えたくない」という人もいるでしょうが、何気ないことが仕事のヒントになるケースもあるわけで、ほんの5分、10分、頭をめぐらすという機会があってもいいでしょう。それが、後々、大きな糧《かて》になることもあります。

例えば、街に出て映画を観る、という習慣があったとします。

昨今は、映画の話題作にも「介護」や「認知症」、「高齢者の生活」をテーマにしたものが数多く上映されています。

映画『三丁目の夕日』のように、昭和の文化が散りばめられている作品もあるわけで、そこからリアル世代の人の生活像を読み取ることもできるでしょう。

また、街に出れば、やはり多くの高齢者と出会います。電車内で席を譲ったり、荷物を持つのを手伝ったりという中で、一言二言、言葉を交わしながら、現場では見られない高齢者の一面に気づくこともあったりします。これも貴重な財産となります。

街での気づきをメモにすれば、仕事の効率を上げる材料にも

こうした貴重な機会をただやり過ごしてしまうだけでは、もったいないと言えます。例えば、小さなメモ帳などを常に携帯し、気づいたことを記してもいいでしょう。スマートフォンのメモ機能などを活用してみる方法もあります。

こうした情報のストックが、現場の仕事の効率を上げることもあります。先の映画の例で言えば、昔の映画には当時の流行歌などがたくさん出てきます。それをメモしておけば、例えば、「アクティビティの時に利用者と歌えるもの」を考える際のヒントになったりします。一からあれこれと調べる手間を考えれば、効率的と言えるでしょう。

また、地域にはシーズンごとに祭りなどのイベントがたくさんあります。それらを日常的に把握しておけば、「利用者とともに参加する機会」を増やすことにもなります。

視野を広げれば学べる材料はいくらでもある！

地域には様々な社会資源があります。その中には、現場のケアに活かせるヒントもたくさん。何気ない機会を「自分のスキルアップ」に活かしてみましょう。

街に出ればすべてが教科書
CINEMA
さて、明日は休日だ…
外部研修があれば参加しているんだけど…
心のケアについて
そんな時、まず映画を観る
『タカさんのしあわせ』リバイバル
お、やってる
最近、洋画も邦画も「介護」をテーマにしたものが増えているしなー
学べることも多いな…
ズル…
時には、名画座で昔の映画を観たりもします
昭和30年代40年代の作品とか
誰と話してんだ？
ご利用者の生活していた時代の文化も理解できるし…
アクティビティで使う音楽の選定にも役立つ…

ポイント1　介護を題材としたおすすめ映画はたくさんあります。最近では、『ペコロスの母に会いに行く』が話題ですが、認知症をテーマとした『折り梅』『明日の記憶』なども秀逸です。洋画でも、『愛、アムール』『桃さんのしあわせ』など様々なものが上映されＤＶＤにもなっています。

ポイント2　利用者が若かった頃の日本映画には、その当時に流行した歌唱などがふんだんに使われています。「聞いたことのない音楽」でも、利用者に尋ねることで教えてもらうことができます。

映画を観た後は、よく理解できなかった文化などについて図書館で資料を漁る
えーと、昭和の下町文化…と
…で、その本を借りてきて喫茶店で読書
あ、アイスコーヒー
でも、読書するだけじゃない
窓際の席に座ると道行く高齢者の姿を見ることもできる…
いろいろな人がいるなー
日中の喫茶店では、店内にもご高齢の人は多い
段差などにつまずく人は？
店の人と何を話している？
何をして過ごしている？
高齢者の人の何気ない、しぐさ、生活、表情…
現場で活かせる気づきがいろいろ得られます
さて、これから地元のコミセンで高齢者のお茶会だ
きっぷうりば
イラ
イラ
えーと…
どちらまで行かれますか?
私が、買ってあげましょう
あ、すいませんね

ポイント３　毎日、喫茶店に通うことを楽しみにしている高齢者は少なくありません。最近は若者向けのカフェも増えていますが、たまには年配の人が通うような「渋い喫茶店」などに足を運んでみてはどうでしょうか。

ポイント４　介護現場で働く人の場合、高齢者とのコミュニケーションは、いわば「プロの技」です。そのスキルを日常生活で活かすことは、大切な地域貢献にもなります。

私と同じ方向ですね、
荷物もお持ちしましょう
本当にありがとうございます
へー、お孫さんに会いに行かれる…
隣町に息子夫婦が住んでいるので時々…
うちのホームのご利用者も親族が隣町に住んでいるという人は多かったな、行き来がしやすい場所にサ高住とかもっと増えれば…
コミュニティーセンター
さあ着いた
あ、いらっしゃいお待ちしてました－
皆さんは？
内庭の農園で野菜を収穫してますよ
ここのコミセンには農園があって参加者が園芸に励んでいます
あ、Aさんだ
今年の夏野菜はどうですか？
まあまあね？
もうちょっと雨が降ればなー
この野菜をいただきながら園芸談議、うちのホームの園芸にも参考になる話が
収穫野菜で作ったぬか漬もあるわよ

ポイント5　多くの高齢者にとって「子や孫との交流」は、生活意欲を高めるうえで大きなポイントの一つ。そうした「交流」をどうすれば支援することができるか。地域づくりを支える市民として考えていくことも必要です。

ポイント6　地域のコミセンでは、多様な世代の住民によって様々な活動が行なわれています。ここで紹介する園芸のほか、高齢者を対象としたパソコン教室、英会話スクールなど。地域の人々との交流をはぐくむうえでは、絶好の機会と言えるでしょう。

ポイント7　毎年行なわれている祭りなどでも、時代の移り変わりによって内容がずいぶんと変わっていることがあります。「昔はどうだったのだろう」という関心を高めることは、異なる世代との交流を深めていくうえで重要なポイントです。

ポイント8　講談のほか、落語や文楽、あるいは映画弁士といった伝統芸能を志す若い世代も増えています。こうした人たちの力を貴重な資源とし、施設内で催していくといった企画を立ててみましょう。地域の人々も参加できるようにすれば、利用者と地域住民との交流も広がります。

そういえば もうすぐ 氷川さまの 祭りじゃ
あの盛大な 雅楽を 復活して くれんかの
雅楽?
20年ほど 前まで 祭りの時に やって いたんじゃ
そりゃ すごかった
こういう話は きちんとメモして あとで調べて みよう
この日は地元の「講談保存会」の方々の催しが…
清水の次郎長伝!
大変素晴らしかったです、今度うちのホームでもぜひ…
こういう出会いも大切だなー
はい! よろこんで!
いやー 充実した 一日だった
あ、お帰りなさい
休日用の 分担家事、とっておいたわ
ははい!

まとめ

高齢者は、地域の中で様々な生活を築いています。介護現場の中だけで高齢者を見ていると、「その人が地域の中で、どんな風景や文化に接しているのか」に対し、つい無頓着になってしまいがちです。介護職としては意識して地域に目を広げ、そこにある様々な資源を発見しつつ、高齢者の生活を立体的にとらえるようにしたいものです。

特に若い世代の場合、利用者がリアルタイムで接してきた文化を知る機会は意外に少ないものです。まず大切なのは出会い。そこから「自分たちの知らない物事」を積極的に吸収したいものです。

キーワード索引

田中 元（たなか・はじめ）
昭和37年群馬県出身。介護福祉ジャーナリスト。
立教大学法学部卒業。出版社勤務後、雑誌・書籍の編集業務を経てフリーに。主に高齢者の自立・介護等をテーマとした取材、執筆、ラジオ・テレビの解説、講演等を精力的におこなっている。現場を徹底取材した上での具体的問題提起、わかりやすい解説には介護現場のプロはもとよりマスコミの間にも定評がある。
主な著書には、『家で介護が必要になったとき～知識ゼロからの介護の悩み解決本～』『小規模デイサービスをはじめよう!』『介護事故・トラブル防止≪完璧≫マニュアル』(小社刊)など介護に関する著書が多数ある。

まんが●みなと あつこ

まんがでわかる介護《かいご》のしごと

2014年9月12日　初版発行

著　者　田《た》　中《なか》　元《はじめ》
発行者　常　塚　嘉　明
発行所　株式会社　ぱ　る　出　版

〒160-0011　東京都新宿区若葉1-9-16
03(3353)2835 — 代表　03(3353)2826 — FAX
03(3353)3679 — 編 集
振替　東京 00100-3-131586
印刷・製本　中央精版印刷(株)

ISBN978-4-8272-0881-8　C3036